RUMBERAS MATANCERAS

Un canto a la memoria

UNOSOTROS
MÚSICA

Roxana M. Coz Téstar

© 2020 Roxana M. Coz Téstar
©Unos&OtrosEdiciones, 2020

ISBN-13: 978-1-950424-30-6
Título: Rumberas matanceras: Un canto a la memoria
©Roxana M. Coz Téstar
Edición: Armando Nuviola
Correcciones: Dulce Sotolongo
Diseño de cubierta: Frank David Valdes

UnosOtrosCulturalProject

www.unosotrosediciones.com
Un publicación de UnosOtrosEdiciones
Prohibida la reproducción total o parcial, de este libro,
sin la autorización previa del autor.

Queda prohibido bajo las sanciones establecidas por las leyes escanear,
reproducir total o parcialmente esta obra por cualquier medio o procedimiento
así como la distribución de ejemplares mendiante alquiler o préstamo público
sin previa autorización.

Gracias por comprar una edición autorizada.

Hecho en Estados Unidos de America, 2020

A la memoria de José Manuel Téstar, mi abuelo

A mi madre, por impulsar cada uno de mis sueños cuando solo eran pequeños capullos en espera de mariposas

A mi familia por su apoyo y amor constante.

A mi tutora María Elena Vinueza por enseñarme a asumir el proceso investigativo con humildad y paciencia, y llevar el pensamiento musicológico a filosofía de vida.

A todos mis profesores de la Universidad de las Artes y del Departamento de Musicología, gracias por aportarme saberes fundamentales con experiencia y pasión, en especial a Ailer Pérez, Gretchen Jiménez, Nisleydis Flores, Carmen Souto, Miriam Villa y Grizel Hernández.

A Cary Diez, Rosa Marquetti, Yoelkis Torres y Gretel García Garlobo por abrirme paso en el apasionante mundo de la rumba.

A la Editorial Unos y Otros, a Armando Nuviola y Dulce Sotolongo que amablemente han trabajado para materializar esta obra

A la Asociación Hermanos Saíz y el Proyecto Timbalaye.

A la comunidad rumbera matancera que gentilmente me brindó su tiempo y aportó experiencias de vida imprescindibles para el desarrollo de esta investigación. A la Asociación de Mujeres Rumberas de Matanzas por rumbear de corazón. Muchas gracias a Álida y Miriam Leicea, Milvia Rivero, Martha Mesa, Regla González Miró, María Dolores Pérez, Minini, Diosdado Ramos, Barbarito Cancino, Miguel Ángel García y Juan García.

ÍNDICE

Palabras de la autora 11

Introducción 15

¿Qué se ha escrito sobre las rumberas?

Simpson y La Marina, los barrios de la rumba 21

Mujeres, jerarquía social y reconocimiento público 29

De árbol familiar a tronco materno... Una historia de rumberas 35

La familia Calle y Mesa

La familia de Estanislá Luna

Colgadizo, ciruelón, dos cucharas... y ya se formaba la rumba 51

Las rumberas «azul de corazón»............59

Sobre la Asociación de
Mujeres Rumberas 65

Del solar al espacio público:
rumberas en escena................................75

La rumba es un performance con memoria

Performatividad en la escena

Performatividad en la imagen

Performatividad en los roles

Que canten las mujeres:
el repertorio rumbero 83

Transcripción de los cantos

Anexos 107

Documentario 109

Iconografía..127

Bibliografía 133

PALABRAS DE LA AUTORA

Recuerdo una tarde de fin de año de 2012 que, entre fichas y tesauros sobre la mesa, mientras releía y pensaba mis propuestas de investigación, los toques de rumba comenzaron a llamarme. Y es que a una cuadra del céntrico apartamento donde residía con mi familia, cada tarde sonaba la agrupación Los Muñequitos de Matanzas. Sus ensayos tenían lugar en los altos de una vieja casona colonial ubicada justamente en la calle Matanzas entre Milanés y Contreras, próxima al Callejón del Ángel que es el punto de encuentro por excelencia de los rumberos de la ciudad.

Desde ese momento comenzó una constante búsqueda bibliográfica en torno a la rumba, esa manifestación cubana de la música popular. Ello permitió comprender un injusto silencio referente a las rumberas. Fue esta razón la que inspiró mis primeros pasos investigativos, unido a un fuerte compromiso personal en defensa de esas mujeres desfavorecidas por un pensamiento racista y patriarcal que hoy día persiste en las más sutiles formas.

Me acerqué a miembros de la comunidad rumbera y no pude escapar de la desconfianza que inspiraba la fisonomía de una joven blanca con pelo lacio, extremadamente delgada. Tiempo después las rumberas me confesaron que se preguntaban de dónde había salido aquella «chiquilla» y con qué propósito se aparecía en sus celebraciones.

En ese sentido con gran satisfacción guardo una anécdota que se convirtió en una enseñanza para mi profesión. Entre las personas que me proponía entrevistar desde un inicio pensé que serían de indispensable utilidad las experiencias y saberes de Francisco

Zamora, Minini, director de la emblemática agrupación Afrocuba de Matanzas.

La primera vez que lo contacté accedió a ser entrevistado y me citó para un ensayo en el cine Atenas. Cuando llegué Minini aprovechó que los músicos aún se organizaban para dar inicio al ensayo y propuso que lo entrevistase en la taquilla del cine donde no seríamos molestados. El espacio era pequeño y tuvimos que permanecer de pie. Cada pregunta fue respondida de forma muy escueta y en general la entrevista no excedió los 15 minutos. Percibí que Minini se encontraba presionado de tiempo y no se mostró interesado en ahondar demasiado.

Por aquel entonces mi única posibilidad de grabar era con la *webcam* de mi *laptop*, que lo hacía en un formato muy pesado, por lo cual de regreso a casa me vi obligada a convertir a otro que ocupara menos espacio en el disco duro. Unido a mi frustración por no haber logrado una elocuente entrevista, mi decepción fue aún peor cuando descubrí que un error en el proceso de cambio de formato había dañado la grabación y fue imposible recuperarla. Esperé que transcurrieran unos días y realicé una llamada telefónica a Minini. Sumamente apenada le expliqué lo sucedido, pero en esa ocasión se manifestó reacio a una nueva entrevista alegando que tenía mucho trabajo. No obstante, pedí comunicar con su esposa Sara quien gentilmente me citó a la casa donde residían para ser entrevistada. Desde que llegué la rumbera estableció un diálogo afable y mostró una sincera disposición a ayudar. Cerca de nosotras, Minini alcanzaba a escuchar del otro lado de la sala donde nos encontrábamos él observaba televisión. Finalizada mi tarea, agradecí, me despedí de Sara y dirigí hacia la puerta de salida. Fue en ese momento cuando Minini se acercó y pidió que tomara asiento nuevamente: «Siéntate, y pregunta todo lo que quieras». De esa forma pude obtener un valioso testimonio, luego de ser probado mi interés y respeto por la investigación y los informantes.

Considero que la perseverancia fue el valor que posibilitó dar a luz el resultado final de lo que hoy son estas páginas. Este ingrediente me permitió llegar a los entrevistados y dar con las fuentes documentales que respaldaban los datos aportados por ellos. Lamentablemente, fue imposible obtener certificados de nacimiento de la mayor parte de las rumberas, pues el Registro Civil de Matanzas se encuentra en extremas condiciones de deterioro y restringe el acceso a los documentos archivados en el caso de fechas anteriores a principios del siglo xx. No obstante, un aporte significativo de la investigación fue poder demostrar el rasgo de *matrifocalidad* presente en familias de rumberos como la de Inés Mesa, gracias a las actas de bautismo halladas en la Catedral de San Carlos. Curiosamente, a pesar de que las familias aseguraban que los bautizos habían sido realizados en esta iglesia, no lográbamos localizar constancia de ello en documentos. El pensamiento racista permeó tan profundo en la organización de nuestra sociedad hasta el pasado siglo que no fue posible encontrar las actas de bautismo, hasta después de varias visitas a la catedral, cuando comprendí que a través de iniciales «B» y «P y M» se indicaba una división en dos grupos: Blancos, y Pardos y Morenos.

Una veintena de entrevistas facilitó el registro de buena parte de los cantos que constituyen el patrimonio musical de las rumberas matanceras, con la peculiaridad de ser recordados desde la sección de los coros. Algunos son tan antiguos, tan populares, que se desconocen sus autores. Otros se atribuyen a las rumberas mayores, cuyos nombres resuenan por siempre en el imaginario de sus familias y barrios.

Por eso *Que canten las mujeres* es el canto que da inspiración al presente libro, era ese el llamado urgente que realizara Estanislá Luna en su creación, un llamado a la participación de la figura femenina, en el pleno derecho de expresarse y ser escuchada. *Rumberas matanceras: Un canto a la memoria* es un homenaje a todas aquellas que se atrevieron a contar su historia a golpe de rumba, que hilvanaron sus tristezas y alegrías, que unieron sus voces y vidas en las celebraciones al calor de sus humildes hogares, a aquellas que inculcaron el amor por la tradición. Es un homenaje a las que cantan hoy y a quienes lo harán mañana, a las que se aferran a la vida con la convicción de proyectar una realidad más justa, a las que se atreven a desafiar con toques de batá la mirada juiciosa de quien se empeñe en limitar la capacidad creativa y creadora, ese binomio ideal que distingue el quehacer constante de las rumberas matanceras.

INTRODUCCIÓN

En Matanzas, desde el inicio la historia de la rumba se ha escrito con nombre de mujer. Las rumberas del pasado siglo la gestaron como una forma de entretenimiento y socialización, como parte de sus reuniones cotidianas, celebraciones de cumpleaños, festejos de sus asociaciones. Poco a poco la rumba fue ganando espacio y significación para la comunidad rumbera de barriadas tan populares como Simpson y La Marina.

En la memoria de las rumberas contemporáneas queda el recuerdo que a su paso dejaron las generaciones anteriores: huellas de la memoria oral plasmadas en los cantos transmitidos, en el movimiento aprendido y recreado siempre en el baile. Las mujeres de hoy disfrutan la rumba con la misma intensidad de sus abuelas, pero han ganado dentro de ella el derecho a incidir en su desarrollo. Ahora dirigen sus agrupaciones, encauzan proyectos, deciden cómo hacer de ella un discurso artístico genuino. Son sujetos conscientes de la necesidad de preservar la tradición rumbera; están comprometidas con el cuidado de ese patrimonio artístico y la enseñanza a los más jóvenes.

Sin dudas, mucho se ha contado sobre la rumba, sin embargo, la presencia de la mujer rumbera aún está por escribir. Por vez primera, el devenir de estas mujeres se aborda a través de una perspectiva musicológica, sociocultural y de género. Con este libro intentamos abrir una nueva página dentro del relato histórico de la rumba cubana.

Se visibiliza a las rumberas que ocuparon una posición relevante en la sociedad matancera y se convirtieron en legendarias figuras de la cultura popular. Las rumberas protagonizaron procesos de articulación y preservación de prácticas culturales tradicionales que se mantienen vigentes hasta nuestros días y que se pueden estudiar a través de sus tramas familiares y de los diversos espacios de socialización que se desarrollaron en los barrios de Simpson y de La Marina.

En la actualidad las celebraciones de la Asociación de Mujeres Rumberas de Matanzas Estanislá Luna y Yeya Calle,[1] marcan el persistente latir de la rumba, y ese es el ámbito de investigación que decidí escoger, cautiva por los cantos que emergen desde la tradición de fuerte raíz y los nuevos matices que van definiendo la trayectoria sociocultural de las rumberas en el presente.

¿Qué se ha escrito sobre las rumberas?

El análisis de la bibliografía sobre la rumba permitió comprender que los estudios musicológicos han centrado su atención en definir la etimología del término, evaluar los orígenes históricos del género, distinguir los factores geográficos y socioeconómicos que lo condicionaron y los elementos etnoculturales integradores. Se concede importancia a describir el conjunto instrumental y su evolución; caracterizar los cantos, textos, toques y bailes, dentro de las diferentes y más generalizadas variantes: *yambú, columbia* y *guaguancó*. También abordan la caracterización de los bandos y los coros como primeras agrupaciones de la rumba.

Referencias útiles resultaron ser el artículo de Raúl Martínez Rodríguez «La rumba en la provincia de Matanzas»[2] y el de Israel Moliner «El sentido social de la rumba»,[3] los que aportan ideas esclarecedoras con respecto a los orígenes y modalidades de la rumba en las zonas rurales y urbanas de Matanzas.

Por otra parte, la bibliografía de rumba a veces presenta afirmaciones que se convierten en estereotipos. Una idea que pudiera ser cues-

---

[1] En lo adelante podrá abordar la Asociación de Mujeres Rumberas Estanislá Luna y Yeya Calle haciendo referencia a sus siglas (AMR).
[2] Martínez Rodríguez, Raúl: «La rumba en la provincia de Matanzas» en *Panorama de la música popular cubana*. Editorial Letras Cubanas, La Habana, 1998. pp. 125-136.
[3] Moliner Castañeda, Israel: *El sentido social de la Rumba*. Ediciones Olokum, Matanzas, S/A.

tionable, por su constante repetición en las fuentes escritas, es el hecho de considerar la columbia como una variante solo para hombres:

[...] la parte bailable es generalmente ejecutada por un hombre solo, ya que es una danza muy fuerte y peligrosa para ser bailada por una mujer. Algunos columbianos se amarran al bailar cuchillos en los pies (a manera de espuelas de gallo) o los agarran con ambas manos. La no participación de la mujer en esta danza trae como resultado, a diferencia de los otros estilos comprendidos dentro de la rumba, la ausencia del espíritu de conquista del hombre y el rechazo insinuante de la mujer. Por lo tanto, no existirá esa relación sensual que se produce en las rumbas de parejas. Al bailar el hombre solo, sus movimientos estarán siempre orientados hacia un alarde de acrobacia que resalta en todo momento su virilidad.[4]

Si bien es cierto que surgió en los momentos de descanso de estos, durante las jornadas de zafra azucarera, no significa que las mujeres hayan permanecido del todo ausentes en ese baile.

Sobre esto profundiza Israel Moliner, quien plantea que las columbianas poseían sus atributos propios para bailar, tales como cintas y aros. Sobre la participación femenina, sostiene también que «es incuestionable, porque figuras como Andrea Baró, Chaní, Aguedita, Reina Alvadado, etcétera, son paradigmáticas en la cultura popular cubana».[5] Resulta llamativo cómo el investigador detalla las competencias entre mujer y hombre columbianos, donde se presenta el *vacunao* como una forma de posesión real de la figura femenina, pues si era *vacunada*, podía ser llevada y tomada sexualmente por el hombre, si por lo contrario, lograba deslizar la falda sobre la cabeza del columbiano, entonces era derrotado y convertido en mujer.

Se alude la figura de la mujer en general, cuando se caracterizan los bailes de pareja: en el yambú mostrando sus habilidades, con sacudidas de hombros y caderas en movimientos seductores, debido a la mayor libertad que posibilita la ausencia del *vacunao*; en el

---
[4.] Martínez Rodríguez, Raúl: Art. cit. p. 129.
[5.] Moliner Castañeda, Israel: Ob. cit. p. 28.

guaguancó la esencia será el juego simbólico de seducción del gallo y la gallina, en la constante persecución, la bailadora evita de diversas formas el gesto de posesión que representa el *vacunao*, ya sea cubriendo su pelvis con las manos, un pañuelo o dando la espalda a su pareja.

En casi todas las fuentes consultadas se mencionan los nombres de los rumberos ampliamente reconocidos en el país. Leonardo Acosta dedica un acápite denominado «*Los rumberos son legión*», en el que cita a más de treinta figuras significativas para la rumba, entre las que no se menciona ni una sola fémina.[6]

Las figuras masculinas generalmente aparecen en una cifra mayor con respecto a las femeninas, de las cuales solo aparecen las más conocidas cantantes y bailadoras, si es que se mencionan. Un ejemplo de esto es la obra de Helio Orovio, *Música en el Caribe*. El capítulo dedicado a la rumba muestra un extensísimo listado de apreciados rumberos: diez creadores, dieciocho percusionistas, dieciséis cantadores, a los cuales suma posteriormente nueve mujeres, resaltando «voces femeninas como Lucrecia Oxamendi, Zenaida Armenteros, Mercedes Alonso, Merceditas Valdés, Cecilia Leonard, Liduvina Drake, Celeste Mendoza, Manuela Alonso, Inés María Carbonell».[7]

De otros trabajos aportados por la musicología vale citar el de Alicia Valdés Cantero con su *Diccionario de mujeres notables en la música cubana*, donde aparece solo la reseña biográfica de Celeste Mendoza.[8]

Es interesante reparar en que, a excepción de Celeste, de la cual se cuenta con varios artículos y entrevistas, como «Adiós a la Reina Celeste», publicado por *Granma*,[9] del resto de las rumberas la información es muy escasa en la prensa plana y solo hemos encontrado sobre Águeda Álvarez en «Malanga», artículo publicado por *Granma*[10] y sobre Estanislá Luna, la entrevista titulada «Rumbera mayor», realizada para *Bohemia*.[11]

[6.] Acosta, Leonardo: *Del tambor al sintetizador*. Ed. Letras Cubanas, La Habana, 1989. p. 97.
[7.] Orovio, Helio: «La rumba». *Música por el Caribe*. Editorial Oriente, Santiago de Cuba, 2007. pp. 138-139.
[8.] Valdés Cantero, Alicia: *Diccionario de mujeres notables en la música cubana*. Editorial Oriente, Santiago de Cuba, 2011. p. 258.
[9.] Vázquez, Omar: «Adiós a la Reina Celeste». *Granma*, 24 de noviembre de 1998.
[10.] Id. «Malanga» en *Granma*, 9 de agosto de 1986.
[11.] Peñalver Moral, Reinaldo: «Rumbera mayor». *Bohemia*. Año 74, no. 45, 1982.

En el artículo «50 años de rumba en la discografía cubana» publicado en *Salsa Cubana*, José Reyes Fortún menciona aquellas rumberas que hacia la década del cincuenta popularizaron en México una rumba transfigurada dentro del mundo del espectáculo.[12] Este fenómeno responde a los intereses del poder hegemónico, llevar a escena una «rumba estilizada», donde la imagen femenina perfila un concepto alejado al canon estético de la rumbera negra de solar. El hecho es aludido en el inicio del documental *La rumba*, dirigido por Oscar Valdés y asesorado musicalmente por Odilio Urfé. Se evidencia en los vestuarios de las cantantes y bailarinas, un traje que pudiera ser derivado de cierta bata de rumbera proveniente de España, pero que no era con el que se bailaba la verdadera rumba cubana.

Para Caridad Diez en este período aparece «un cine que mostró una versión adulterada —y a veces ofensiva— de la rumba, tanto lo que apareció en los tiempos del mambo en el cine de rumberas (blanqueada, salonesca, más pegada a la guaracha y a la conga, pero salida de esta isla)».[13]

Más recientemente se ha evaluado el desempeño de la rumbera en el artículo «Rumba pa'l Callejón de Hamel», de Camila Cortina, en el cual encontramos un acercamiento al trabajo de la agrupación femenina Rumba Morena, con especial interés en el trabajo que realizan pues «el hecho de que las mujeres asuman roles tradicionales de los hombres, constituye su principal atracción y desafío».[14]

La revisión y análisis de las fuentes escritas referidas, fundamentó la necesidad de un proceso investigativo en el que la rumbera constituyese punto medular. Para ello se precisó estudiar su desempeño y devenir en los contextos tradicional y contemporáneo de la rumba. Fue pertinente profundizar sobre los elementos sociohistóricos, culturales y de género que condicionaron la inserción de la mujer en la rumba, a través de diversos roles y formas de asociación, así como el grado de significación que logró dentro del género en Matanzas.

En ese sentido, esta investigación se trazó como objetivo fundamental determinar los rasgos sociohistóricos, culturales y

---

[12] Reyes Fortún, José: «50 años de rumba en la discografía cubana». *Salsa Cubana*, 2000, Año 4, no. 11. p. 36.
[13] Diez, Cary: «El cine de rumberas de los años 50». *Timbalaye*. Ediciones Unión, La Habana, 2012. No.2. p. 29.
[14] Cortina Bello, Camila: «Rumba pa'l Callejón de Hamel». *Clave*. La Habana, 2008. Año 10, no. 1-2. p. 30.

de género que caracterizan la identidad de la rumbera matancera. En las páginas sucesivas puede apreciarse cómo se estructuran el relato y la identidad de las principales figuras rumberas en articulación con el contexto histórico y sociocultural de Matanzas. Se logró también caracterizar la participación social de las rumberas matanceras a partir de los roles asumidos en el espacio familiar, en las reuniones colectivas y en las diversas formas de asociación. Los rasgos de los comportamientos de rumberas actuales fueron determinados en el modo en que emergen de su acción performativa y del texto de los cantos, discursos de identidad cultural y de género.

Partiendo de los barrios donde transcurrieron sus vidas, llega el momento de iniciar la historia de esas mujeres. A través de estas páginas sus voces se levantan y trascienden las fronteras que por un tiempo las confinaron al silencio, y casi al olvido.

SIMPSON Y LA MARINA, LOS BARRIOS DE LA RUMBA

La conformación urbanística y sociocultural de Matanzas estuvo determinada por aspectos económicos que influyeron en la organización de la ciudad durante el período colonial. Las condiciones naturales del territorio y la presencia del puerto, unido a su cercanía con la capital, propiciaron un rápido desarrollo de lo que constituiría el principal renglón económico: la industria azucarera. El alto índice de producción de azúcar alcanzado en Matanzas durante este tiempo, corresponde a la entrada de un gran número de hombres llegados de las costas africanas en condición de esclavos. Por medio del comercio de bozales, arribaron como mano de obra fundamental no solo para asumir las labores de producción en las grandes plantaciones de caña, sino también aquellas vinculadas con la construcción del sistema ferroviario y portuario en función de la industria y el comercio.

En La Habana y Matanzas llegaron a existir la mayor parte de los ingenios de la Isla. Diferentes municipios matanceros, desde su surgimiento desarrollaron la industria azucarera y contaron con grandes dotaciones de esclavos. Ya hacia 1827 las cifras aportadas por Urbano Martínez en *Atenas de Cuba: del mito a la verdad*, indican un vertiginoso ascenso en el sector azucarero:

> [...] se reportan en la zona 111 ingenios, a la par que 203 cafetales, 132 potreros y 935 estancias. La cantidad de negros y mulatos esclavos alcanza la interesante suma de 26 522: ¡casi 14 veces más que lo reportado 35 años atrás por el Censo de Las Casas! No por gusto el azúcar de

Matanzas significa en esta etapa el 25 por ciento del total del país, y su puerto cuenta, en el quinquenio 1825-1830, la entrada de 222 barcos, cifra de relativa consideración para su tiempo.[15]

En una tabla publicada en *Las rebeldías de esclavos en Matanzas* aparecen registradas las cifras ascendentes de habitantes del territorio en los diferentes censos realizados. Para 1860, en el censo según Pezuela existían libres 10 630 habitantes de color y 94 440 esclavos, para un total de 105 070 negros y mulatos, lo cual representaba a Matanzas como la provincia más poblada de africanos.[16]

No todos los esclavos estaban vinculados al proceso de producción azucarera. Una parte significativa de la población esclava radicaba en zonas urbanas y desempeñaban labores de servidumbre en las casas de la clase dominante. En Matanzas muchos de esos esclavos y libertos habitaron los barrios próximos a la zona portuaria que fueron delimitándose como Simpson y La Marina.

Martha Silvia Escalona y Silvia Hernández en el texto *El urbanismo temprano en la Matanzas intrarríos* infieren que en 1816 la presencia del cuartel de San Sebastián fue el núcleo gestor del barrio La Marina, donde se asentó buena parte de la clase negra y mestiza.[17] A fines del siglo XVIII, un capitán del batallón de pardos y morenos había solicitado una merced de tierra donde se asentaría con su familia. Al ampliarse territorialmente este barrio asume el nombre de La Marina, con el que se conocía la zona inmediata al puerto.

En cuanto a Simpson, comenzó a establecerse en una de las zonas elevadas de la ciudad, a un lado de La Marina. El lugar se dio a conocer con ese nombre debido a que hacia 1839 el dueño de la mayor parte de las tierras era Diego Simpson.

Simpson se había establecido cercano a los márgenes del río Yumurí, que se encuentra ubicado geográficamente al norte y este. A partir de la expansión urbana de Matanzas varió el espacio de esta

---

[15.] Martínez Carmenate, Urbano: *Atenas de Cuba: del mito a la verdad*. Dirección Provincial de Cultura, Matanzas, 1987. p. 29.
[16.] *Las rebeldías de esclavos en Matanzas*. Filial del Instituto de Historia del Partido Comunista de Cuba, La Habana, 1976. p. 18.
[17.] Escalona, Martha Silvia y Silvia Hernández: *El urbanismo temprano en la Matanzas intrarríos (1693-1840)*. Ediciones Matanzas, Matanzas, 2008. p. 73.

significativa barriada. Para 1821 se extendió hacia la parte alta de la ciudad, abarcando las calles Gelabert, Contreras, Manzano, Velarde, Salamanca (muy pobladas), Santa Isabel, Zaragoza, Manzaneda, Dos de Mayo, Compostela, San Carlos (con pocas viviendas asentadas) y América (ya demarcada, pero inhabitada).[18]

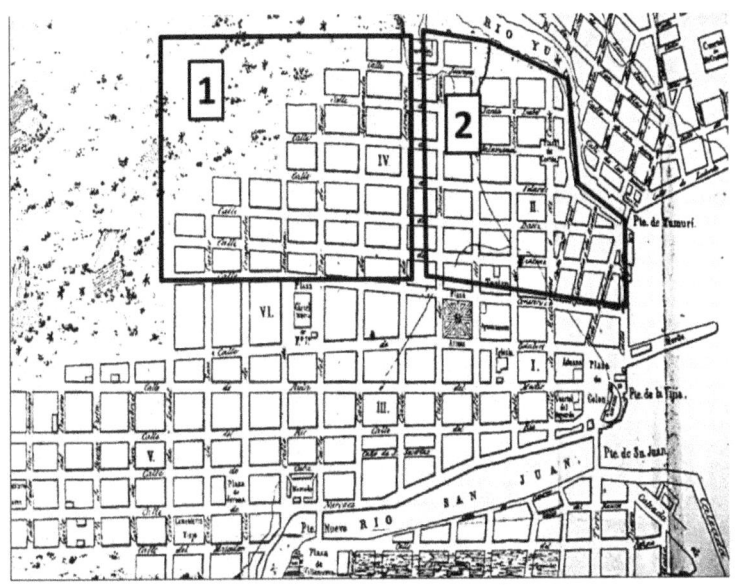

Zonas que señalan el emplazamiento del barrio Simpson (1) y la La Marina (2), esto se ha trazado en el plano topográfico de Matanzas del año 1841. El mapa fue realizado por Rafael Rodríguez y dedicado a Cecilio Ayllón. El urbanismo temprano en la Matanzas intrarríos

A partir de 1886, cambiaron las condiciones de vida y relaciones sociales que hasta ese momento había impuesto el régimen esclavista. La abolición de la esclavitud representó el tránsito de muchos individuos de las zonas rurales a las zonas periféricas de la ciudad de Matanzas, donde se asentaron en búsqueda de una nueva inserción laboral, pues pasaban de su condición de esclavos de dotaciones y haciendas, a la de obreros asalariados.

Por ser precisamente el puerto uno de los lugares que mayor disponibilidad de trabajo ofrecía, los barrios de Simpson y La Marina fueron principales áreas de concentración para estos hombres libres que laboraron no solo en el puerto y en el ferrocarril, sino

---

[18] Tomado de Archivo Histórico Provincial de Matanzas, 20 de enero de 1816. Fondo Gobierno Provincial Neocolonia, Leg. 1, Exp. 1. Miscelánea de expedientes, Estadísticas Demográficas.

que tributaron a la ciudad desde diversos oficios y empleos. Aun cuando sus habitantes lograron una relativa estabilidad económica, estos barrios, desde los orígenes hasta la actualidad, experimentaron un desarrollo económico más limitado con respecto a la zona céntrica de la urbe matancera, que siempre contó con una mejor estructuración arquitectónica y disposición citadina.

Los amplios y antiguos caserones convertidos en solares o las modestas viviendas que pudieron construir fueron las condiciones en que se establecieron dentro de un ambiente urbano que estimuló entre ellos nuevas relaciones sociales en la base de la solidaridad. Interactuaban toda la riqueza multicultural de elementos africanos e hispanos que se amalgamaban para dar a luz nuevas expresiones en camino a una identidad nacional. Teniendo en cuenta la condición económica, social y racial de esta población negra, mulata y blanca pobre, es necesario anotar que el pensamiento segregacionista y racista, se promovía en prácticas y formas de organización social y urbanística con medidas gubernamentales como lo fue por ejemplo, los límites de construcción impuestos a la población negra dentro del perímetro urbano para comprar terrenos y edificar viviendas; la reglamentación sobre los cabildos de nación;[19] y los sistemas de control en cuanto a su desplazamiento público. Al respecto Martha Silvia Escalona plantea que:

> Desde su nacimiento los cabildos estuvieron sometidos a las regulaciones que el gobierno colonial les impuso para su mejor control. En el bando de Buen Gobierno de 1792, se determinó su ubicación en las orillas de las poblaciones, pues el toque de los tambores molestaba a los vecinos, además, porque la humildad de algunas de las construcciones afeaba el entorno urbano, de manera que la opción fue marginarlas en puntos no muy transitados.[20]

---

[19] Para el poder colonial el Cabildo también fue una forma de segregación y control social que implicaba la evangelización por medio de los preceptos católicos de grupos que compartían en común un mismo origen étnico. La religión católica se concebía como la única verdadera dentro del sistema colonial que intentaba extirpar toda forma de expresión religiosa proveniente de los africanos y descendientes. Sin embargo, el cabildo de nación propició un espacio para la reconstrucción de los imaginarios culturales y religiosidades de los diversos grupos étnicos africanos asentados forzosamente en la isla y dio lugar a los consecuentes procesos de transculturación que caracterizan la cultura cubana.

[20] Escalona, Martha Silvia: *Los cabildos de africanos y sus descendientes en Matanzas. Siglo*

La trascendencia de los cabildos radica en que, en un margen de limitada libertad concedida a los grupos afrodescendientes, procuraron la permanencia y defensa de raíces culturales y religiones, que a su vez se iban adaptando ante el nuevo medio social en el que se insertaban. Las medidas adoptadas por el gobierno colonial, y posteriormente el neocolonial, no impidieron que se realizaran actividades en los interiores de las casas y en las sedes de los cabildos, aunque estas manifestaciones incluidas las procesiones públicas se vieron obligadas a permanecer en la zona periférica de la ciudad.

Martha Silvia Escalona mediante su trabajo con el fondo de Religiones Africanas del Archivo Provincial, revisando documentos de 1856, arriba a la conclusión de que la población negra y mulata libre no estaba ajena a la celebración de bailes y fiestas privadas sin intención religiosa, solo por diversión.[21]

Por otra parte, luego de abolida la esclavitud se estimuló el surgimiento de asociaciones que siguieron los modelos civilizatorios eurocéntricos como forma de ascender socialmente y desarticular la estructuración organizativa seguida hasta ese momento en los cabildos. Muchos negros y mulatos se reunieron en torno a gremios y sociedades. Sobre estas últimas, una de las más significativas fue La Unión, constituida con el propósito de reavivar el espíritu revolucionario luego del Pacto del Zanjón, pero a su vez promover ideas en la búsqueda de una alternativa, que permitiese a estos hombres avanzar en su posición social e intelectual. A este tipo de sociedades se les denominó «de color» y en ellas géneros como el danzón alcanzaron un grado de aceptación como parte de este ascenso económico y social.

En otro sentido, para que tuvieran lugar las celebraciones de diversa índole, se debía contar con la autorización del gobernador de la ciudad, especialmente aquellas donde participaran los negros y mulatos.

Documentos de la época evidencian el interés por mantener distancia hacia los cabildos y aquellos espectáculos públicos donde se ponía de relieve la herencia africana, desvalorizada por la alta sociedad cubana y su hegemonía. El racismo era una norma social

---

XIX y primera década del XX. Ediciones Matanzas, Matanzas, 2008. p. 43.
[21.] Escalona, Martha Silvia: Ob. cit. p. 69.

establecida. Las actas registradas en el fondo Negociado de Orden Público y Policía del Archivo Provincial de Matanzas, revelan las prohibiciones de circulación por las calles y las plazas a miembros de los antiguos cabildos u otro tipo de sociedad de africanos y descendientes. Puede tomarse como ejemplo el documento emitido por Don Eduardo Roig y Martínez, Gobernador Civil y firmado en fecha 14 de enero de 1899 donde «queda prohibida la circulación por calles y plazas de todos aquellos grupos cuyos individuos observen movimientos descompuestos y marchen cantando y bailando al son de tambores, pitos y otros instrumentos que produzcan sones que puedan trascender a música de ñáñigos o tango africano».

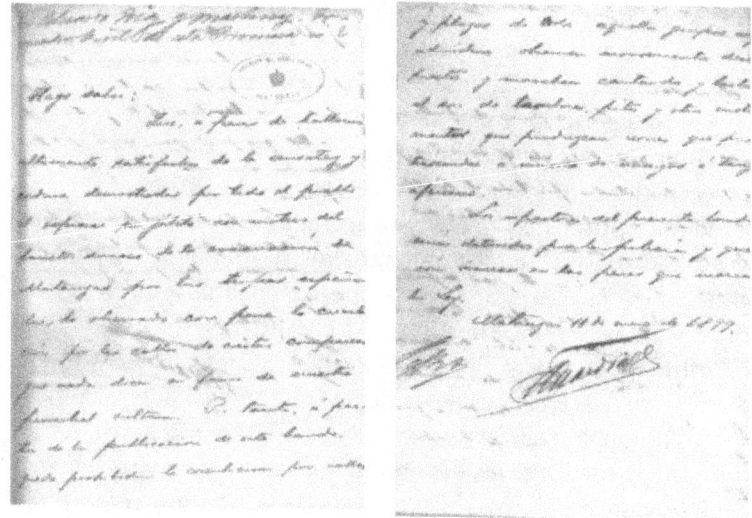

Documento: Archivo Histórico Provincial de Matanzas, 14 de enero de 1899. Fondo Gobierno Provincial Neocolonia, Exp. 46 Leg. 1 Negociado de Orden Público y Policía, Cabildos

Otro ejemplo en el que se evidencia cómo debían proceder estas personas cuando deseaban realizar una fiesta o reunión, es el documento de solicitud de permiso presentado el 21 de octubre de ese mismo año, por Monserrate González:
«Que deseando ofrecer á [sic] sus compatriotas Africanos una reunión familiar /.../ no se hará uso de tambores».

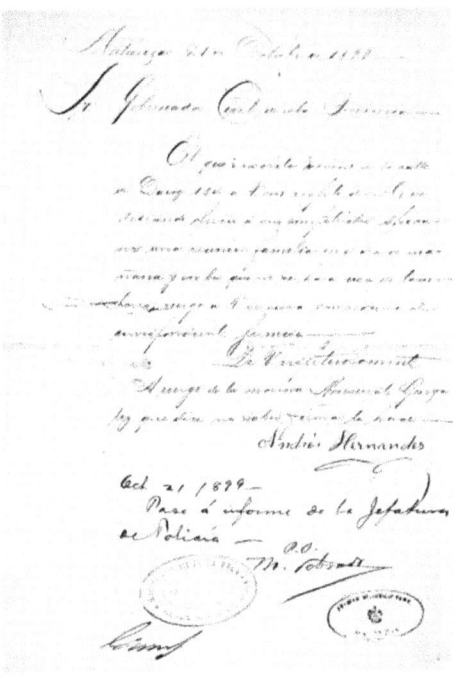

Documento: *Archivo Histórico Provincial de Matanzas, 21 de octubre de 1899, Fondo Gobierno Provincial Neocolonia, Exp. 684, Leg. 13, Negociado de Orden Público y Policía, Licencias*

Llama la atención que en esta carta, la «morena Monserrate» se hace representar por Andrés Hernández, y en la misma misiva se aclara que ella no sabe firmar, de lo cual se infiere que se trata de una mujer negra y analfabeta, pero dueña de un espacio y recursos con los que puede realizar tal fiesta.

Este caso puede ser representativo de muchos otros en los que mujeres como Monserrate González se sintieran en la capacidad de convocar a otros aunque para ello necesitaran ser representadas por un hombre ante las autoridades locales.[22]

Nótese también que esta «reunión familiar» se ofrece a africanos, lo que reconoce una procedencia anterior de los participantes, del mismo modo que podía suceder en un cabildo y por último que

---

[22.] La lectura del documento también permite aproximarse a lo que puede haber sido una situación común para muchas mujeres negras del período. Monserrate González representa a la mujer negra imposibilitada de estudiar y analfabeta, pues como afirmara Andrés Hernández refiriéndose a ella, decía «no saber firmar».

en la solicitud se aclara que «no se hará uso de tambores», lo cual es consecuente con la prohibición antes referida, pero no necesariamente demuestra que se dejara de tocar y bailar.

De algún modo la población negra y mulata encontró modos de preservar las expresiones de canto, toque y danza a pesar de la fuerte censura y la marginación cultural que les fue impuesta. Entre las notas de prensa de 1899 encontramos una afirmación como la siguiente:

> La parte sensata e ilustrada de la raza de color trabajó mucho porque se desterrase de entre ella para demostrar su regocijo, el uso del tambor africano del cual puede decirse que es símbolo de verdadero atraso y barbarie.[23]

Aun así, la población negra y mulata, generó una cultura de resistencia que afirmó sus valores ancestrales y desarrolló nuevas maneras de expresarse individual y colectivamente dentro de lo cubano.

[23.] «Contra el tambor africano». Publicado en Aurora del Yumurí, 13 de enero de 1899, p. 2.

MUJERES, JERARQUÍA SOCIAL Y RECONOCIMIENTO PÚBLICO

En ese contexto urbano, hacia finales del siglo XIX la rumba nace como celebración colectiva, como espacio donde desahogar en música, baile y pantomima las difíciles circunstancias que estos hombres y mujeres debían afrontar como clase explotada y discriminada por los fuertes prejuicios de racismo de la sociedad burguesa. Dado el sentido de territorialidad periférica en función de los intereses del gobierno colonial y luego neocolonial, desde un inicio, la realidad cultural de esa comunidad y también de la rumba, estaría determinada por un matiz de marginación y exclusión. Más aún, durante la etapa republicana el ambiente de La Marina se rodeó de bares y antros donde se ejercía la prostitución, mereciendo entonces como resultado una mala reputación social. Algunas de las mujeres que allí residían, debido a las difíciles circunstancias económicas, muchas veces se veían obligadas a vender su cuerpo para garantizar la subsistencia de su familia y esto fue una marca profunda en el imaginario social; se prejuzgaba de indecente a cualquier mujer que viviera en el barrio de La Marina.

Por tanto, para la mujer resultaba muy complejo ser aceptada en las circunstancias de una sociedad que conformaba de ella una imagen negativa y estereotipada. El poder colonial y neocolonial impuso sus preceptos religiosos, morales y culturales, negando todo aporte realizado por ese grupo social explotado que integraron las mujeres marginadas del barrio de La Marina.

La sociedad burguesa rechazó la conducta de las mujeres negras, rumberas, a quienes se les situó desde la subalternidad e inferioridad. La cultura del poder estableció un canon estético donde la creación solo podía alzarse desde el eurocentrismo, la producción cultural de las rumberas sería en la sociedad el otro lado de la moneda: representarían lo grotesco, inmoral y vulgar. La marginación a partir de las diferencias biológicas del cabello, color de la piel y el sexo construía una imagen fuertemente prejuiciada.

Las barriadas de Simpson y La Marina permitieron a muchos encontrar el espacio y el escenario donde sus prácticas culturales, religiosas y sociales adquirieron mayor libertad. Aquí hombres y mujeres de las clases más humildes lograron posicionar la rumba y sentar las bases para su posterior desarrollo, tramando historias individuales y colectivas en las que la rumbera, como protagonista de este proceso, delineó su imagen e identidad.

Sin embargo, el reconocimiento de la mujer en la rumba está antecedido precisamente por su participación en aquellos cabildos y sociedades que antes habían conformado la conducta cultural y social de estos sectores de la población matancera. Así encontramos que, en los cabildos, aunque su dirección estaba signada por el liderazgo de los hombres y la concepción patriarcal, las mujeres alcanzaron una presencia que llegó a ser hasta mayoritaria. Esto puede corroborarse en el análisis realizado por la autora Martha Silvia Escalona, donde detalla los cargos y jerarquías que asumían las féminas en estas instituciones. Un ejemplo claro fue el caso del Cabildo Nuestra Señora de los Desamparados, constituido en 1884. De los catorce miembros, nueve mujeres asumían cargos, aunque, la más alta jerarquía estaba ocupada por hombres. A continuación, citamos la relación que aporta Escalona, con el interés de que se observe también las denominaciones de cargo que se otorgaban a estas mujeres:

1er capataz: Julián Boada
2do capataz: Francisco Martínez. África, 62 años, vecino de San José #10.
3er capataz: José Estrella. Criollo, 55 años, vecino de Daoiz #128.
Tambor Mayor: Cayetano Gildo. África, 62 años, vecino de Velarde #62.
Capitán Abanderado: Agustín Sulí. Criollo de Matanzas, 39 años, vecino de Daoiz #209½.
Consejera: Carmen del Sol. África, 62 años, Daoiz #209.
Capitana: María Antonia Roque. África, 63 años, Daoiz #278.

Gobernadora: Asunción Rangel, 50 años.
Segunda Gobernadora: Nicasia Palacio. Criolla de Matanzas, 48 años. Santa Isabel #41.
Primer Ninfa: Josefa del Sol. Criolla de Matanzas, 32 años, Daoiz #209.
Segunda Ninfa: Eloisa Rodríguez. Criolla de Matanzas, 19 años, Daoiz #209.
Mayora de Plaza: Rafaela Álvarez. Criolla de Matanzas, 60 años, Manzano #239.
Procuradora: Francisca Ramos. Criolla de Matanzas, 65 años, Santa Isabel.
Vasalla: Catalina Portillo. 80 años, Daoiz # 209.[24]

La permanencia hasta el siglo XX de algunos de esos cabildos, logró preservar prácticas sociales, culturales y religiosas que nutrieron las posteriores prácticas rumberas y en ello jugó un papel fundamental los lazos familiares y la continuidad de los entramados genealógicos de esos cultores.

En Matanzas uno de los ejemplos más relevantes de esos procesos de continuidad fue el del Cabildo Niño Jesús, de procedencia carabalí. En este cabildo, Niño Jesús se sincretiza con el niño de Cañamazo, al cual en las celebraciones rituales se le toca brikamo cada 13 de enero después del día de Reyes. Este se encuentra relacionado con la religión abakuá.

«[...] hay una potencia abakuá que se llama Betongó y la descendencia del *Niño es de esa tierra*».[25]

Este cabildo fue el primero organizado por un grupo ñáñigo en el territorio. Se denominó Ibiabanga, del que se toma como referencia de fundación la fecha 24 de diciembre de 1862. Su devenir también estuvo ligado a la creación de comparsas y del Bando Azul, una entidad referencial de la rumba matancera. Los fundadores integrantes del cabildo Niño Jesús fueron miembros de una de las más importantes familias en la posterior tradición de la rumba

---

[24] Escalona, Martha Silvia: Ob. cit. p. 83.
[25] Testimonio aportado por Miriam Leicea en el Documental *Niño de Cañamazo*, dirigido por Miguel Ángel García Velazco.

matancera. Se trata de la familia Calle, liderada por Rafael Calle y Francisco Calle.[26] Aprovechando los datos que aportan Israel Moliner y Martha Silvia Escalona a partir de sus respectivos trabajos en el Archivo Histórico Provincial de Matanzas hemos elaborado la siguiente tabla en la que puede observarse la sucesión de personas que dirigen ese cabildo a lo largo del siglo XIX.

Denominaciones del cabildo	Capataz	Dirección	Fecha
Niño Jesús	Rafael Calle	Velarde No. 109	Aprox.1810-1840
Niño de Jesús	Francisco Calle	Daoiz No. 147	1840-1878
Niño Jesús	José Vega	Daoiz No. 147	1878-1885
Niño Jesús	Jorge Rodríguez	Sta.Isabel No.149	1885-1890
Santo Niño Jesús	Cipriano	Daoiz No. 215	1890

Nótese que una vez más en la dirección del cabildo solo aparecen figuras masculinas; sin embargo, según la historia oral que hemos podido registrar a través de entrevistas realizadas a las hermanas Álida y Miriam Leicea, en el siglo XX la más alta responsabilidad fue asumida primero por Anselmo Calle y luego por su hija Regla Calle, una mujer que también ocupó un significativo lugar entre las rumberas matanceras. Ella es un ejemplo de las mujeres rumberas que no renegaron de la cultura heredada de sus abuelos y abuelas africanas y que lograron ascender social o económicamente a través de la jerarquía religiosa, pues la práctica ritual y las relaciones de madrinaje fueron un medio para alcanzar cierto progreso económico. Es también ejemplo de aquellas mujeres que asumieron una posición de liderazgo ante su comunidad, por lo que, hasta hoy, otras mujeres las reconocen como matriarcas.[27]

Por otra parte, la jerarquía religiosa y la autonomía económica de una mujer como Regla Calle, le permitió lograr una independencia del hombre (padre, esposo) y además procurar para sus hijos una

---
[26.] Moliner Castañeda, Israel: *Los cabildos afrocubanos en Matanzas.* Ediciones Matanzas, Matanzas, 2002. p. 45.
[27.] Un mayor ingreso económico se debía a la intensa actividad ritual, específicamente en la realización de iniciaciones de aquellos que frecuentemente apadrinaban y asistían ritualmente.

mejor posición social, gracias a la enseñanza de las prácticas rituales que ella les ofreció. En ese sentido, mujeres como Regla Calle fueron responsables también del traslado de tradiciones religiosas y culturales que han sobrevivido a la existencia misma de las instituciones sociales que le dieron origen.

Así sucede con la celebración del Niño de Cañamazo que deviene del sincretismo de aquel Niño Jesús representado en el antiguo Cabildo Carabalí antes mencionado. La familia Calle ha continuado la costumbre de organizar la celebración cada 13 de enero y tal responsabilidad la asumen especialmente las mujeres, que se ocupan del altar y de las ofrendas. Águeda Felicia Hernández, bisnieta de Regla Calle, se mantiene al cuidado del cuadro urna que representa al Niño de Cañamazo. Esta deidad que tiene la peculiaridad de identificarse y comunicarse solo a través de las mujeres de la familia.

Altar del Niño Jesús o Niño de Cañamazo, arreglado por la familia Calle y la AMR en el Instituto de Antropología en mayo de 2015

En las celebraciones las mujeres cantan rumba antecediendo al toque de brikamo. Solo las mujeres de la familia[28] pueden bailar y lo hacen sosteniendo en ambas manos ramas de escoba amarga para realizar gestos de «limpieza» de sus torsos y cabezas.

---

[28] Se refiere a las mujeres pertenecientes a las familias Calle y Mesa que están unidas entre sí.

Otro ejemplo en este desempeño de las mujeres en el cabildo y luego en el espacio rumbero, podemos encontrarlo en el Cabildo Espíritu Santo de la Santísima Trinidad, de procedencia arará, y también situado en el barrio de Simpson. La documentación de archivo refiere que durante la etapa colonial estuvo liderado por hombres,[29] pero ya hacia la década del cuarenta del pasado siglo, fueron las rumberas Micaela Ruiz y Flora Heredia quienes asumieron tal responsabilidad. A este cabildo pertenecieron también las familias Villamil, Calle y Mesa.

La fiesta principal del Cabildo Espíritu Santo tenía lugar después de la Semana Santa y en ellas era usual la presencia de reconocidas rumberas como Inés Mesa, Bárbara Jiménez Pardo y Maxima Calle. Lo mismo sucedía en la fiesta del Cabildo Iyesá Moddú que tenía lugar el 24 de junio.

Las rumberas desde aquel entonces hasta la actualidad en su mayoría han sido santeras activas, a la vez que practicantes de otras religiones populares y aunque se afirma que la rumba no ha tenido una funcionalidad religiosa, es apreciable la gran cantidad de cantos dedicados a los orishas o deidades a quienes, en lugar de un toque con los tambores consagrados, también se les puede agasajar con una rumba o con un violín. En cumpleaños de santo, en todo caso es más fácil y económico disponer de un conjunto de cajones de rumba, que de tambores batá, güiros o tambores de bembé. A este tipo de celebración se le reconoce como cajón de santo o rumba de santo.

De igual manera, en las fiestas de santo aún es frecuente tocar rumba después que concluyen las acciones ceremoniales. Miriam Leicea, bisnieta de Regla Calle recordaba que en las celebraciones del Cabildo Arará que presidía Flora Heredia, se comenzaba con toques y cantos arará y luego se finalizaba con rumba.[30] Años después, lo mismo ocurría en el Cabildo Niló-Niyé, donde muchos de los ahijados de Eugenio Lamar, Cucho se reunían en fiestas de santo y también tocaban rumba.[31]

[29.] Escalona, Martha Silvia: Ob. cit. pp. 174, 179 y 187.
[30.] Entrevista concedida a la autora por Miriam Leicea el 22 de marzo de 2016.
[31.] Grasso González, Nancy: «Folklore y profesionalismo en la rumba matancera». Trabajo de Diploma, 1989. p. 26.

DE ÁRBOL FAMILIAR A TRONCO MATERNO...
UNA HISTORIA DE RUMBERAS

En la historia de la rumba que se desarrolla en los barrios de Simpson y de La Marina, la familia cobra una especial relevancia cuando se trata de comprender los procesos de transmisión y la práctica social a lo largo del siglo XX hasta la actualidad.

Anteriormente hemos mencionado que núcleos familiares como la familia Calle y Mesa ocupan un lugar significativo en la memoria colectiva y lo mismo sucede con la familia de Estanislá Luna y de Liduvina Miró. Estas familias, en buena parte lideradas por mujeres, integraban una red social que articulaba la rumba como discurso popular y tradicional, transmitido de generación en generación. Cada una de ellas generaba y compartía espacios en los que la rumba adquiría una máxima connotación y permitía la interacción familiar y social.

En los casos de las familias rumberas estudiadas, observamos que a lo largo de su historia prevalecen algunos de los rasgos que señala María del Carmen Barcia en sus estudios sobre las estructuras familiares del siglo XIX, refiriéndose a las familias de esclavos. Dos de esos rasgos son la *matrifocalidad*[32] y el alto índice de consensualidad,[33] que en las capas más pobres de la población se presenta

---
[32] Con el término *matrifocal*, en su clasificación sobre las relaciones de parentesco por consanguineidad de los esclavos en Cuba, Barcia se refiere a aquellas familias integradas solo por la madre y sus hijos.
[33] «La existencia de relaciones paralelas también fue una constante en la sociedad cubana. El amancebamiento ha sido en Cuba, desde el siglo XVI, una conducta practicada por blancos y negros, y por libres y esclavos. Donde no hay patrimonio que heredar ni

como algo usual.³⁴ Significativamente, estos dos rasgos se observan en las estructuras de las familias rumberas que más claramente podemos identificar dentro de la rumba matancera: la familia Calle, Mesa y Luna.

La familia Calle y Mesa

La historia de esta familia comienza con la figura de Anselmo Calle, un señor entre los primeros vinculados al origen de la rumba matancera. Se conoce que fue organizador del coro de rumba «La Lirita» y fue famoso tocador, cantante y bailador del estilo yambú.³⁵ Resulta que, como lo han descrito sus tataranietas era un «viejo satón» que mantuvo una relación estable y duradera con dos mujeres a la vez.

Anselmo se unió formalmente a Joaquina Domínguez y mantuvo una relación consensual con Juana Mesa. De ambas uniones nació una pléyade de rumberas, que sin rivalidad alguna, se reconocieron como hermanas, conscientes de la relación del padre con sus respectivas madres.

De la unión entre Anselmo Calle y Joaquina Domínguez nacen Manuela, Amadita, Antonina y Regla Calle, de esta última nace Maximina Calle, quien engendra a Bárbara Jiménez Calle, conocida por Bárbara Calle, madre de Álida y Miriam Leicea, actuales integrantes de la AMR.

De la unión entre Anselmo Calle y Juana Mesa nace Inés Mesa, quien mantendría entonces el apellido de la madre. De Inés Mesa nacen dos figuras sumamente significativas para el origen y desarrollo de la agrupación Guaguancó Matancero, posteriormente conocida como Los Muñequitos de Matanzas: Juan y Julián Mesa.

---

propiedades que legar, ni tampoco predominan normas religiosas inflexibles, la necesidad perentoria de legalizar las uniones tiene menos fuerza. La consensualidad no proviene de la esclavitud, ni tiene su origen en las culturas africanas, aunque este componente haya contribuido a restar importancia a aspectos formales» Barcia Zequeira, María del Carmen: *La otra familia. Parientes, redes y descendencia de los esclavos en Cuba*. Editorial Oriente, Santiago de Cuba, 2009. p. 94.

³⁴· Barcia Zequeira, María del Carmen: Ob. cit. p. 91.

³⁵· Mestas, María del Carmen: *Pasión de rumbero*. Pablo de la Torriente Editorial, La Habana, 2014. p. 193.

De estas hijas también emergieron familias matrifocales, que podemos constatar por la permanencia de sus apellidos como primeros en el nombre de sus descendientes, tal es el caso de los hijos de Juana Mesa. Y por la costumbre de reconocer solo con el apellido Calle a los descendientes de Regla Calle, aun cuando en sus certificaciones de nacimiento aparece el apellido del progenitor.

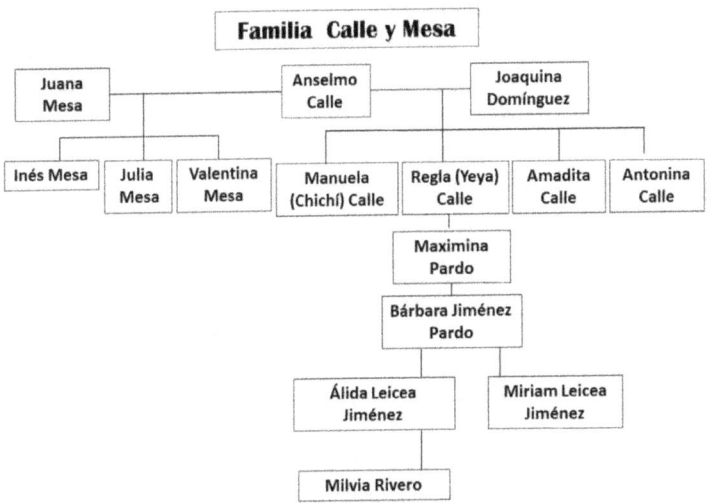

Árbol genealógico de la Familia Calle y Mesa[36]

Esta familia (de las más extensas conocidas en la práctica del género) se constituyó como foco fundamental de rumba en la ciudad de Matanzas. Los miembros que mayor popularidad alcanzaron en agrupaciones profesionales, mucho deben a la inspiración e improvisación de sus antecesoras. En la trasmisión de los cantos y la construcción de esa rica madeja sonora fueron los vínculos maternos un eslabón de fuerza mayor. La creatividad halló tierra fértil en los nombres de estas mujeres, semillas de una tradición local:

Regla Calle, Yeya: nace en 1870 y fallece en 1956 a los ochenta y seis años, como se evidencia en su certificación de defunción (ver anexos).

[36.] Para la confección de cada uno de los árboles genealógicos se han tomado en cuenta muchos de los miembros que se han desempeñado en el movimiento rumbero.

Destacó por la organización de rumbas y fue la anfitriona del principal foco de rumba en Simpson, por donde pasaron rumberos mayores como Esteban Vega, Chachá; Hortensio Alfonso, Virulilla; Esteban Lantrí, Saldiguera y Félix Campos. A su alrededor también se reunió un importante círculo de rumberas como Estanislá Luna, Liduvina Miró y Flora Heredia.

Como ama de casa, se encontraba también al frente del cuidado de los nietos, que se iban insertando en el marco de la rumba y la vivenciaban cotidianamente a través del ambiente que propiciaba su abuela. Miriam, una de sus nietas, recuerda que en las tardes al regresar de la escuela, podían encontrar una rumba con los cantos de su abuela entre los que sobresalían los de jarana, que podían ser acompañados por la clave que tocaba Yeya con dos cucharas.[37]

Bárbara Jiménez Pardo, Barbarita Calle:
Yeya Calle asumió la crianza de su nieta Barbarita Calle cuando la madre falleció. Esta otra importante rumbera desde temprana edad cantaba y bailaba. Su casa situada en Ayuntamiento entre Daoíz y Velarde fue sede de la rumba en incontables ocasiones.

Barbarita Calle. Archivo familiar de su hija Álida Leicea

[37] Miriam Leicea. Entrevista por la autora, 15 de septiembre de 2015.

Más aún, ella acondicionó la sala de la casa para que Los Muñequitos de Matanzas tuvieran un local de ensayo y pudieran reorganizar su actividad artística en la década de los setenta.

Barbarita nació el 4 de diciembre de 1918 y diez años después fue bautizada, siendo su madrina su tía abuela Manuela Calle. Se caracterizaba por la destreza de los movimientos del baile y era reconocida por el mérito de jamás dejarse «vacunar», gesto que definía si eras —o no—, buena bailadora. Las rumbas improvisadas que se daban en su casa tomaban por instrumentos lo que estuviera a su alcance, muchos la recuerdan con un par de cucharas marcando la clave en la puerta de entrada.

Barbarita Calle fue una rumbera que no tuvo posibilidades de estudiar, pero aprendió de forma autodidacta. Solo después del Triunfo de la Revolución fue que pudo concluir sus estudios secundarios. Se conoce que llegó a desempeñarse como zapatera, y esto es un ejemplo de cómo las mujeres humildes asumían en la sociedad las labores reiterativas y poco remuneradas.

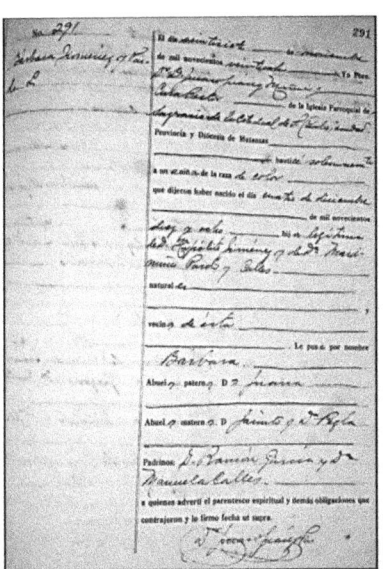

Partida bautismal de Barbarita Calle registrada en la Catedral de Matanzas el 27 de noviembre de 1928. Tomo 13, p. 291

Su muerte el 23 de abril de 1999, significó para el movimiento rumbero matancero un profundo luto, reflejado en el silencio y el dolor que impidió una rumba de despedida.

En la familia Calle y Mesa el nombre de Inés se menciona con sumo respeto. Sus cantos de rumba, muchas veces creados en colaboración con su hijo Julián llegaron a incorporarse al repertorio de las agrupaciones profesionales matanceras.

Inés Mesa: enseñó a cantar rumba a sus hijos y nietos. Fue quien formó a Martha Mesa, (nieta) tras quedar huérfana de padre a los nueve años y como parte natural de su crianza le legó todo un arsenal de antiguas rumbas. Martha aún da testimonio de los cantos creados por su abuela junto a Julián. Su padre se inspiraba y sacaba la letra para un canto; Inés le ayudaba con la melodía tomando como referencia los cantos que conocía de antaño.[38] De igual modo le entregaba otros cantos para que fueran incorporados al repertorio de Los Muñequitos de Matanzas.

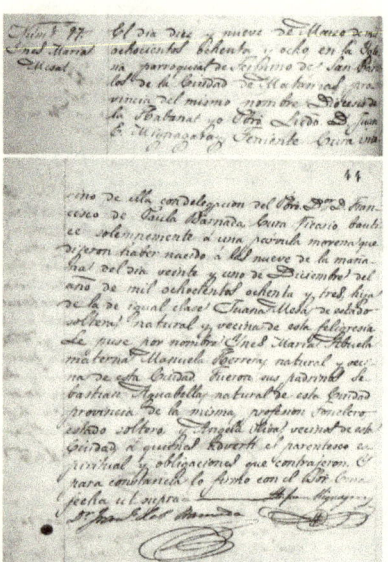

Partida bautismal de Inés Mesa registrada en la Catedral de Matanzas el 19 de marzo de 1888. Tomo 30, pp. 43-44

[38.] Martha Mesa. Entrevista por la autora, 13 de febrero de 2016.

Gracias a su partida de bautismo, que se encuentra archivada en la Catedral de Matanzas, se ha podido conocer que Inés María Mesa nació el 21 de diciembre de 1883. En sus años de juventud, no llegó a casarse con Martín Gómez, pero de esa unión consensual nacieron cuatro hijos, que ella se encargó de mantener y educar cuando el padre decidió abandonarles e irse a vivir en La Habana. De tres de los hijos de Inés se encontraron también en la Catedral de Matanzas las actas de bautismo y puede constatarse que el padre tampoco los reconoció, pues existe un vacío de información con respecto a este y a los abuelos paternos (Ver Anexos).

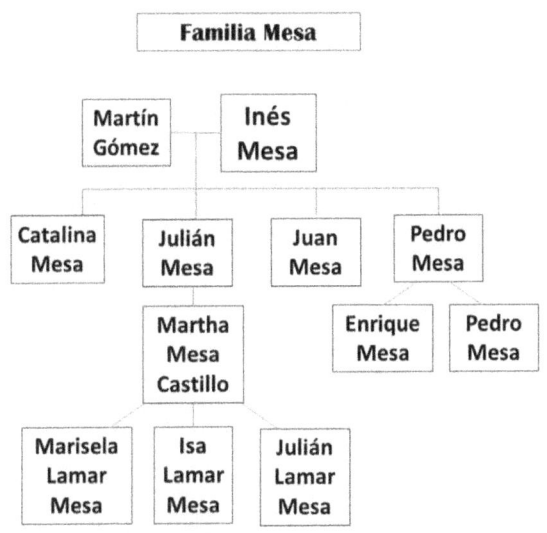

Árbol genealógico de la familia de Inés Mesa

En su descendencia encontramos rumberos que han tocado y cantado en agrupaciones profesionales de rumba de primer nivel. Sus hijos Julián Mesa y Juan "Bosco" Mesa, fueron fundadores de Los Muñequitos de Matanzas y sus nietos Enrique y Pedro Mesa han trabajado en los grupos Afrocuba de Matanzas y Los Matanceros, respectivamente.

A esta matancera se dedicó un yambú de autor desconocido. «Inés Mesa» en su letra nos evoca a esa figura que fuera nido de rumba y rumberos, entronizada dentro del flujo creativo del yambú, con la habilidad probada de improvisar las rimas que le darían forma a sus tardes, a los cantos de sus herederos, la inspiración para que Muñequitos de Matanzas decidiera sumar este tema a su repertorio, y grabarlo para el disco *De palo pa´ rumba*. Un fragmento de su letra le sigue:

A una rumba de los Mesa un día me encaminé
a una rumba de los Mesa un día me encaminé
y entre ellos susurraban
lo que decía su abuela Inés.

El yambú de tiempo España
el yambú bríkamo carabalí.

Inés Mesa fue una rumbera
que engendró a algunos rumberos
que engendró a algunos rumberos.

Prueba de eso fue Julián
también el difunto Juan Bosco
y más para allá caballeros
su trascendente Pablo Mesa
que cuando llegaba a la rumba
nadie lo podía igualar.

Averigua lo que dice mi yambú
lo que dice, caballero, mi yambú.

Coro: Averigua lo que dice mi yambú
A Ferekete ya, a Ferekete lo vi yo
a Ferekete lo vi yo, caballero, a Ferekete lo vi yo are.[39]

Francisco Zamora, Minini rumbero mayor y director de la agrupación Afrocuba de Matanzas reconoce el lugar que ocupan las hermanas Calle y Mesa en la tradición popular. En sus palabras:

Yeya e Inés Mesa fueron las rumberas que más sonaron

---
[39] Tomado del Cancionero de rumba de Barry Cox.

aquí dentro de la rumba [...] Los días festivos, en su casa, no había que buscar a nadie de la calle para formar la rumba. Yeya con los hijos y con los nietos; la gente venía y ya encontraba formada la rumba.[40]

—«¡Por ahí viene Tani!», gritaban los muchachos que jugaban en casa de Yeya. Con los hombros cubiertos por su capote oscuro y el cuerpecito ligero, a pesar de los años se paseaba con gracia por las calles de sus amigas rumberas. Entre las bromas que le hacían los nietos, salía en defensa algún que otro canto de puya, ese que solo podía regalar ella con su desbordante imaginación.

La familia de Estanislá Luna

En la genealogía que hemos podido reconstruir de Estanislá Luna,[41] puede apreciarse que se trata también de una familia matrifocal, asentada en la relación de madre y padre desconocido. Estanislá tiene continuidad en un hijo, Juan Manuel, quien lleva solo su apellido. De igual modo sus sobrinas, que también participaban del ambiente rumbero, solo llevan el apellido de la madre.

Estanislá Luna ha sido una figura significativa en la cultura popular, y hasta donde se ha podido corroborar, la más longeva de la comunidad rumbera matancera. Nació el 13 de noviembre de 1881, de forma que es además una de las rumberas más lejanas en tiempo, de las que se haya tenido referencia.

En los testimonios y entrevistas realizados es recordada a partir de su avanzada edad, que llamaría la atención por no constituir un obstáculo para su desempeño en la rumba. En esta sobresalía por los cantos de yambú y la riqueza de movimientos danzarios, los cuales le valieron una fama que atrajo a muchos bailadores rumberos reconocidos. Así pues, llegaría a la ciudad de Matan-

---

[40.] Francisco Zamora Chirino. Entrevista por la autora, 13 de abril de 2014.
[41.] En el Registro Civil de Matanzas solo pueden consultarse documentos fechados a partir de 1895, ya que la documentación anterior a ese año, está almacenada pero su consulta no es permitida, ni siquiera con fines de investigación.

zas, José Rosario Oviedo, el mítico Malanga, con el interés de conocerle personalmente y acompañarle en el baile.

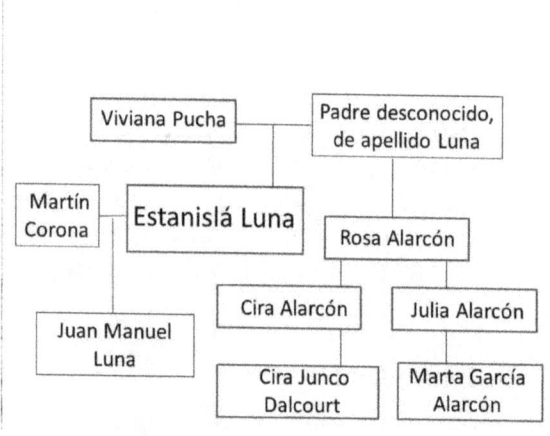

Árbol genealógico de la familia de Estanislá Luna

Dentro de la rumba se preocupaba porque se respetara la entonación del canto original, dirigiendo y rectificando a los más jóvenes en las celebraciones. Su sabiduría popular le permitió que fuera reconocida como «la última reina del yambú matancero».[42] Gracias a la entrevista de prensa que Estanislá Luna concede a Reinaldo Peñalver y que *Bohemia* publica bajo el título «Rumbera Mayor», conocemos sus ideas y el modo en que resolvía temas de género y posicionamiento social en su condición de mujer y esposa. Refiriéndose al fallecimiento de Malanga, ella comenta: «[...] aquí en Matanzas también lo lloramos... Pero mi marido no fue al entierro y yo no podía ir si él no iba».[43]

Este elemento puede interpretarse como la sujeción de la mujer a las decisiones del esposo, aunque sus intereses hubiesen sido diferentes. Sin embargo, en la misma entrevista, al referirse al esposo, Estanislá expresa:

A mí sí me dejaba bailar... Tenía que hacerlo, porque esa, fue la condición que le puse cuando nos unimos. Tuve

---
[42.] Mestas, María del Carmen: Ob. cit. p. 232.
[43.] Peñalver Moral, Reinaldo: «Rumbera mayor». *Bohemia*. Año 74, no. 45, 1982. p. 62.

muchos enamorados y a todos les puse la misma condición. Yo nací con la rumba adentro. Nadie podía quitármela. El que me quisiera tenía que aceptar que yo bailara.

Estanislá Luna

Por tanto, Estanislá estuvo obligada a lidiar con las concepciones patriarcales que exigían de la mujer determinado comportamiento. A su vez, logró que el matrimonio no le impidiera el disfrute de cantar y bailar la rumba, lo que ocupó un primer plano de interés en su vida.

Las rumberas Álida y Miriam Leicea refieren los ingeniosos recursos que utilizaba Estanislá para no dejarse dominar o controlar por su esposo Martín Corona. A ella le gustaba compartir a solas con sus amigas, lo mismo una conversación que una rumba; si inesperadamente Martín Corona venía a buscarla, ella con la complicidad de las otras se escondía y luego continuaban la rumba o las jaranas, burlándose del control de Martín o de algún otro compañero.

Estanislá fue una mujer que demostró una fuerza y autonomía no usuales para las féminas de su tiempo muchas veces violentadas o subestimadas por sus esposos ya fuese en el sentido físico o subjetivo.

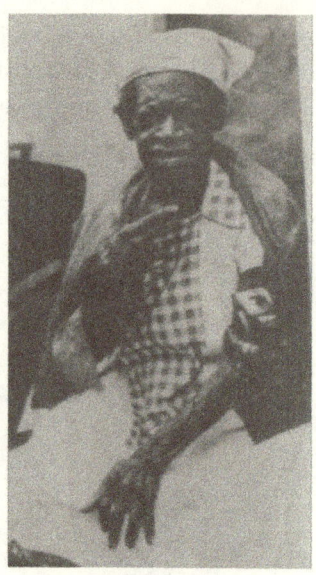

Estanislá Luna. Revista Bohemia

Miriam Leicea cuenta:

Hay una anécdota de Estanislá que sé de oídas. Ya había fallecido Martín y un día llegó Estanislá a la casa del padrino de mi hermana, que era Mario Rodríguez. Ella llegó y le dijo: —¡Ay, Mayo! vengo a mirarme porque tuve un sueño con Martín y eso me tiene preocupada. Él le respondió: —Tani, hazle una misa para ver qué quiere comunicar. Y dicen que se organizó la misa. Cuando estaban todos sentaditos, empezó a entrar en trance el *médium* y vino el espíritu de Martín Corona. Entonces le dijeron a Tani: —Mira, levántate y dale la mano. Ella preguntó: —¿Es Martín? Y el espíritu respondió: —Ay Tani, cómo no me vas a reconocer, soy yo Martín Corona. Y dicen que ella se levantó y volvió a preguntarle: —¿Tú eres Martín? ¿Tú estás seguro? —Sí, soy yo, volvió a responder. Dicen que Estanislá levantó la mano y le metió un gaznatón y le dijo: —Eso es para que no lo hagas más, porque si en vida no lo hiciste, cómo tú vas a venir en sueños después de muerto a meterme una galleta. ¡Pa´que no lo hagas más, Martín!⁴⁴ «Ella no dijo antes lo que había sucedido en el sueño y aceptó hacer la misa porque a Martín ni en sueños podía permitirle que la maltratara».

La anécdota relatada por Miriam Leicea, representa en un plano simbólico la defensa a su condición de mujer que exigía respeto y se oponía a la violencia. Como era común para las mujeres más humildes, durante los duros años de la neorepública, también Estanislá Luna debió someterse a faenas que requerían de gran resistencia física. Como eran labores poco remuneradas solo le permitían procurar la subsistencia cubriendo los gastos de necesidades básicas. Esto le llevaría a afirmar:

> […] pasé más trabajo que un forro de catre… tenía que lavar y planchar como una trastorná, para pagar el cuarto, comer y ponerme unos trapos… Porque eso sí, siempre me gustó vestir bien y para darme ese gusto tenía que fajarme con la batea y con la plancha… Aquellos eran tiempos de anjá.⁴⁵

Su muerte en 1987, a los ciento seis años de edad, constituyó todo un acontecimiento en Matanzas y su sepelio fue uno de los más concurridos. A través de la emisora provincial Radio 26, la noticia se transmitió varias veces en el día, significando que la rumba estaba de luto porque había muerto la «rumbera mayor», como se le conocía. Desde su casa hasta el cementerio fue seguida por el pueblo matancero, que le rumbeó como ella había pedido. *Que canten las mujeres* fue el yambú de Estanislá Luna que se cantó una y otra vez.

Según el testimonio de Álida Leicea:

> A Estanislá la enterramos con rumba, porque ella dio sus cantos y quería que le fueran cantando. Ella murió en la calle Salamanca, a mediación de cuadra antes de llegar

---
⁴⁴· Miriam Leicea. Entrevista por la autora, el 15 de septiembre de 2015.
⁴⁵· *Ibid.*

a Zaragoza y se le llevó en una caja pequeña porque era muy menudita. Fue bailando hasta Dos de mayo donde entró al carro y después se le rumbeó todo el camino.[46]

Lugar donde descansan los restos de Estanislá Luna en el Cementerio de San Carlos

En el cementerio aquel 9 de enero de 1987, la rumba continuó hasta el anochecer.

Otras rumberas también compartieron la pasión por la rumba y fueron importantes cultivadoras del género en Matanzas. Entre ellas podemos mencionar a:

Liduvina Miró

Provenía de una amplia familia de rumberos de Unión de Reyes. Fue la madre de Jesús Alfonso Miró, ejecutante del quinto en Los Muñequitos de Matanzas y de Regla González Miró, quien se desempeña como coordinadora de la actual Asociación de Mujeres Rumberas «Estanislá Luna y Yeya Calle» (AMR), y del Taller Teórico Práctico de Rumba de Matanzas.

Liduvina nació el 13 de abril de 1935, en Unión de Reyes. Cuentan que desde niña se le escapaba a la madre para rumbear en los carnavales. Disfrutaba tanto la oportunidad de bailar que acompañaba con una rumba cualquier momento significativo de su vida,

---

[46.] Álida Leicea. Entrevista por la autora, 5 de marzo de 2014.

ya fuese el nacimiento o la muerte de cualquier persona cercana. Se le recuerda en la ciudad de Matanzas, por el modo peculiar que tenía de bailar la rumba, por su quehacer en el Bando Azul y por su participación en el baile callejero de las comparsas. Su hija la recuerda llegar sin zapatos a casa, después de bailar por horas. La rumba estuvo presente hasta los últimos días de su existencia y como era su deseo, los matanceros con rumba la despidieron el 9 de marzo de 2015 (Ver Anexos).

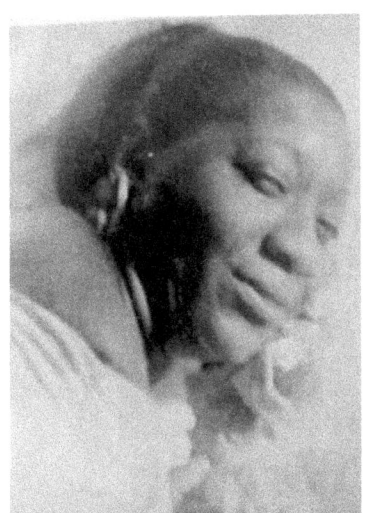 

Liduvina Miró, a la derecha en sus años de juventud, y a la izquierda vestida de santo

Tuve la posibilidad de conocerla un tiempo antes, en 2014, cuando muy mayor y enferma, su hija lograba levantarla en las mañanas cantándole una rumba. Aunque caminara con dificultad, siempre el ánimo de bailar estaba presente en sus movimientos. El día que la vi, Regla rememoraba sus palabras:

> «En cuanto yo terminé de morirme, busca los tambores y empieza a sonar... Todavía yo tengo que estar caliente cuando llegue al cementerio...».

Y ciertamente, a pesar de su partida, el recuerdo de Liduvina da calor y energía al actual movimiento rumbero de su querida Matanzas.

Junto a estas rumberas mayores también se evocan los nombres o apodos de: Isabel Santiago, Yolanda Curbelo, Elvira Barani, Isabel Urrutia, María Sixta Pita, Flora Heredia, Andrea Gutiérrez, Lina Campos, Carlota Guada, Francisca Rodríguez, Panchita Chamalapo, Dominga Bacallao, Moraima Lausurique, Ana Luisa Piloto, Chacha, Margarita Zequeira, Cundunga la China, Chichí Guasabá y Casilda Uldeber.

Lugar donde descansan los restos de Liduvina Miró. Cementerio de San Carlos, 20 de octubre de 2015

Estanislá Luna, Inés Mesa, Regla y Bárbara Calle, Flora Heredia y Liduvina Miró constituyen máximos referentes para las actuales generaciones de rumberas, en tanto logran permanecer en la memoria colectiva como ejemplo de creatividad artística y proyección social en favor de la mujer. Sus nombres reivindicados se integran para enriquecer con toda justicia la historia de la rumba cubana.

COLGADIZO, CIRUELÓN, DOS CUCHARAS... Y YA SE FORMABA LA RUMBA

Todas estas mujeres confluían como hemos afirmado, en diferentes celebraciones de rumba que tenían lugar en los barrios de Simpson y La Marina, se pudiera decir que con una frecuencia semanal. De ellas una buena parte se desenvolvía como gestoras y facilitadoras del espacio ofreciendo la sala o el patio de sus casas para que la rumba fuera posible. Es precisamente este otro rasgo que va a distinguir la identidad de la rumbera de Simpson: su capacidad de accionar en favor de la rumba y de tomar la iniciativa para convocarla. Tal es el caso de Regla Calle, Yeya, que organizaba junto a sus hermanas y amigas, este tipo de festividades. Como nos cuenta su nieta Álida Leicea hacia los años cincuenta:

> Se reunían todas esas viejitas que ya pasaban de más de sesenta años en un pasillo que tenía mi abuela, en dos habitaciones en Salamanca 136, ahí crecimos nosotros. A ese pasillo antes le decían Colgadizo; ahí mi abuela tenía un sillón y un banco largo, donde se sentaban. Compraban en la bodega tres kilos de un ron que se llamaba Peralta, todas tomaban un buchito, iban entonándose y entonándose, y se formaba la rumba, el guateque y los cantos.[47]

[47.] Álida Leicea Jiménez. Entrevista por la autora, 5 de marzo de 2014.

Lugar donde residió y dio rumbas Regla Calle, es este el pasillo denominado «Colgadizo» ubicado en Salamanca 136

Yeya, con más de ochenta años, se sentaba en su sillón de frente a las demás rumberas, que estaban en un banco que ella misma había mandado a hacer para estos eventos. Desde allí guiaba la rumba y comenzaba a sacar los cantos que conocía. Entre palmadas y bailes de yambú, estas reuniones se repetían todos los días, según sus bisnietas Álida y Miriam.

Al referirse a las mujeres de la familia Calle, María Dolores Pérez recuerda:

> [...] cuando allí al mediodía se ponían a conversar ellas, una sacaba un cantico y la otra le respondía, y entonces había una que siempre componía y decía: «Mira, lo que tengo hoy es esto», sacaba el canto, le respondían y ya se formaba la rumba.[48]

Estas señoras tenían una gran popularidad en Simpson, pues sobresalían por el ingenio y creatividad de los cantos que improvisaban en el momento. Esta facilidad les llevaba a satirizar por medio de los textos con vecinos, amigos y familiares; además incorporaban los acontecimientos cotidianos del vecindario, junto a refranes, dicharachos populares y vocablos de su propia creación. Si alguien se acercaba a la celebración y no caía en gracia,

---

[48]. María Dolores Pérez. Entrevista por la autora, 14 de abril de 2014.

ellas sacaban un canto de puya. A través de estos cantos cuestionaban determinadas actitudes que desaprobaban o conferían un matiz burlesco y picaresco a los textos.

Desde finales de la década del treinta, ya se realizaban celebraciones de rumba en casa de Inés Mesa, a quien se unían Yeya Calle y Antonina. Era frecuente que los nietos de Inés, al regresar de sus labores en el puerto, acompañaran a la abuela tocando los cajones mientras ella entonaba sus cantos de rumba.

Otro hogar donde se abrían las puertas al cultivo de rumba era el de Barbarita Calle como una costumbre de domingo. Llama la atención que cuando las entrevistadas evocan estas celebraciones, explicitan que las rumbas tenían lugar con los recursos que se encontraban a disposición en las casas, utensilios y objetos de la vida cotidiana. Esto puede comprobarse, por ejemplo, en el testimonio de María Dolores sobre la rumba de Barbarita Calle: «la rumba la tocaba con un par de cucharas en la puerta, cogían una gaveta de cualquier cosa y ya».

Casa donde residió y organizó rumbas Barbarita Calle, ubicada en Ayuntamiento entre Daoíz y Velarde

En aquel tiempo también era común que las rumberas celebraran sus cumpleaños con una rumba. Entre las más famosas se encontraba la de Bárbara Calle, quien además de celebrar su cumpleaños, por coincidencia velaba a Santa Bárbara cada 4 de diciembre, pero no a la usanza tradicional de la santería, sino que la velada tenía lugar por medio de rumba.

Cuando Bárbara no contaba con los recursos para ofrecer una rumba, a las doce de la noche sus amistades, que incluían a los rumberos de mayor prestigio en Matanzas, a las puertas de su casa le regalaban una serenata de rumba que se podía extender hasta la tarde del día que comenzaba. Álida argumenta:

> […] había veces que mi mamá decía: —Me voy a acostar temprano porque no hay nada para brindar—, y esos amigos, Saldiguera, Juan Bosco, el difunto Pellado, Catalino Calle, que no era familia de nosotros, Virulilla, toda esa gente cuando iban a dar las doce de la noche que ya estábamos acostados, yo con trece, catorce años, le tocaban la puerta a mi mamá y ella hasta lloraba […] A esa hora le daban una serenata. Mi mamá fue de grandes serenatas en la víspera de santa Bárbara.

Conforme en la familia de los descendientes de Barbarita Calle ha perdurado la tradición de rumbear en las veladas, los descendientes de Inés Mesa han celebrado de esta forma los cumpleaños de cada uno de sus miembros. Martha Mesa refiere recordar, en sus primeros cumpleaños, a su abuela Inés sacando cantos junto a Julián. La frecuencia y continuación de estas celebraciones ha permitido que Martha, en su extraordinaria memoria, los preserve y reproduzca tal cual conoció las letras y melodías, cuando a petición de sus familiares canta en las celebraciones.

Estanislá Luna es recordada organizando rumbas por su cumpleaños, en la avanzada edad de ochenta y cinco años y en adelante, pues se mantuvo bailando hasta los noventa y seis. En el testimonio de su sobrina nieta se señala que durante los primeros años posteriores al triunfo revolucionario: «ella siempre celebraba su cumpleaños y mi mamá era la que iba a sacarle el permiso de la jefatura de la policía para tocar rumba».[49]

De celebraciones semanales y por su cumpleaños también se recuerda a Chichí Guasabá, que residía en Callejón del Ángel entre Velarde y Daoíz. Fue una rumbera muy evocada por la elegancia de su baile que resultaba muy atractivo porque no se dejaba vacunar; uno tras otro, los hombres que bailaban con ella

---

[49.] Cira Junco Dalcourt. Entrevista por la autora, 12 de octubre de 2015.

acostumbraban a quitarse el sombrero y lo ponían en su cabeza.⁵⁰ Ella tenía la capacidad de sostenerlos todos y seguir bailando sin dejarse vacunar. Se le recuerda bailando con una gran saya y su delantal, pues afirman que su labor permanente estaba en la cocina.⁵¹

Solares donde residieron Liduvina Miró (izquierda) y Estanislá Luna (derecha)

Por último, cabe mencionar las reuniones femeninas que se gestaban en la casa de Liduvina Miró, ya fuese para la celebración de cumpleaños, de nacimiento o de santo. Cuando su hija Regla cumplió quince años, se realizó una larga festividad en la que la rumba duró por varios días.

Como puede apreciarse existieron seis puntos pertenecientes a los barrios de Simpson y La Marina donde la rumba se fomentó a partir de la actividad femenina. En el mapa que ofrecemos a continuación se ubican geográficamente las casas de las rumberas antes mencionadas a las que se suma la casa de Flora Heredia rumbera del Bando Azul que abordaremos más adelante. Se trata de un limitado radio de acción, donde la proximidad de una casa con otra garantiza la relación entre estas mujeres que, al margen de las posibles diferencias

---

⁵⁰· El baile con los sombreros resulta un interesante nexo con el del zapateo.
⁵¹· María Dolores Pérez. Entrevista por la autora, 14 de abril de 2014.

generacionales, se mantienen unidas por similares condiciones de vida y un entorno geográfico y cultural común.

Mapa de Matanzas elaborado y editado por Ediciones GEO. La Habana 1994. Redactor cartógrafo: Ing. Magaly Pérez Arias. Realización Bárbara Calzadilla Kessel

Leyenda:

[1] Maximina Calle e Inés Mesa: Velarde esq. Compostela
[2] Regla Calle: Salamanca entre 2 de mayo y América
[3] Flora Heredia: Santa Isabel entre Manzaneda y Zaragoza
[4] Estanislá Luna: Salamanca entre Santa Teresa y Zaragoza
[5] Bárbara Jiménez Calle: Ayuntamiento No. 41 entre Daoíz y Velarde
[6] Chichí Guasabá: Callejón del Ángel entre Velarde y Daoíz
[7] Liduvina Miró Calle Madan entre Daoíz y Manzano

Se ha mencionado reiteradamente la participación de las rumberas en el baile, el canto y la creación, pero ¿cuáles fueron las causas que impidieron la participación de la mujer en otros roles dentro de esta manifestación cultural? A pesar de que la rumba se perfiló como un género profano, su desarrollo se vio permeado por la concepción cultural androcéntrica, enraizada a las prácticas sagradas afrocubanas donde la mujer, por ejemplo, no podía tocar los tambores. Esta es una conducta que ha continuado hasta nuestros días.

> Y existía el machismo aquel que era muy latente en ese tiempo, y había cosas que a las mujeres les estaba vedado hacer y supongo que el tocar haya sido una de esas cosas que estaba vedada, yo no me recuerdo en ese entonces haber visto ni a mi abuela ni a ninguna vieja de esas tocando una tumbadora, un cajón.[52]

Este criterio prevalece en muchos de los testimonios de los rumberos. El hombre en muchos casos controlaba el comportamiento de la mujer, y asumía roles fundamentales en las celebraciones, tales como la dirección de las rumbas, levantar los cantos y tocar los instrumentos de percusión. Estas eran funciones, respetando el rol de género socialmente aceptado, que determinaban una participación parcial de la mujer en la rumba. No obstante, hubo mujeres que se atrevieron a ejecutar instrumentos de percusión, pero representaron una minoría altamente cuestionada en aquel entonces. En Matanzas solo se conoció de Lindolina Ramos, quien dominaba todos los toques de la santería. En el municipio de Unión de Reyes se menciona a Tránsita Oviedo, Yimba, hermana de José Rosario Oviedo, Malanga. Sobre esta mujer hemos revisado un testimonio de quienes la recuerdan:

> Ella era una muchacha que vivía con su familia en la calle Ignacio Agramonte #58, era una cuartería al igual que ahora y salía a la calle Frank País. Ahí estaba el huerto [...] Yimba estaba trabajando siempre en su huerto [...] se acostaba temprano y entrada la noche se ponía a tocar un tamborcito chiquito [...] le sacaba una música y un sonido muy bonito [...].[53]

Las celebraciones de rumba también requerían de la preparación de alimentos y bebidas para brindar a los participantes. En

---

[52.] Miriam Leicea. Entrevista por la autora, *15 de septiembre de 2015*.
[53.] Torres Morejón, Francisco: «Antecedentes y florecimiento de la rumba en Unión de Reyes». Trabajo investigativo inédito, 2010. p. 10.

esto las mujeres desempeñaban un rol esencial. De seguro las rumbas de ahora, en los calurosos patios de los solares, extrañan ese guajaco que elaboraba Regla Calle, trago cuyos ingredientes eran aguardiente, limón y azúcar. Aunque probablemente no ganara en popularidad comparado con el vino de romerillo de Estanislá Luna. El famoso ciruelón —como le denominaba— se preparaba en botija de barro y si a destreza de baile hacemos alusión era capaz de hacer bajar el santo a cualquier rumbero.

LAS RUMBERAS «AZUL DE CORAZÓN»

Cuando corrían las primeras horas de un nuevo año, un grupo de hombres y mujeres descendían desde uno de los puntos más elevados de la ciudad, donde se levanta la Ermita de Monserrate en las cercanías de Simpson. Toques, cantos y una algarabía generalizada distinguía este movimiento, que visitaba las casas de familiares y vecinos. De esta forma podía extenderse hasta mediodía el saludo del Bando Azul, como se llamó el bando de rumba más famoso de Matanzas.

Los rumberos «Azul de Corazon»[54] —como también se les conocía— visitaban las casas de sus integrantes en este acostumbrado recorrido. En el vecindario que habitó Estanislá Luna hasta el final de su vida, los vecinos aún recuerdan la llegada del Bando para felicitarla:

> Todos los 31 de diciembre le venían y le tocaban a las doce de la noche. Le decían: «*Ábreme la puerta/ qué puerta más dura/ donde está la llave/ de tu cerradura*». Porque ella se demoraba en abrir la puerta y la rumba entraba al solar sin esperar».[55]

Los bandos de rumba habían sido agrupaciones que desde su origen tuvieron el interés fundamental de organizar rumbas, y al

---

[54.] En referencia al distintivo de los rumberos del Bando Azul: «Yo soy azul de corazón».
[55.] Testimonio concedido a la autora por Fidelia Alfonso, vecina de Estanislá Luna el 12 de octubre de 2015.

mismo tiempo constituyeron espacios de recreo, socialización, socorro y ayuda mutua. En Matanzas existieron diversos bandos, cuya trascendencia radicó en el impulso que dieron al repertorio de la rumba, gracias a la participación de los tonistas, encargados de levantar y guiar el canto y a la preocupación por la elaboración de la melodía y el texto.

Rogelio Martínez Furé plantea la existencia de algunos bandos matanceros como: «"Los melodiosos", "La Concha Marina", "El Bando Rosado", "La Hierbabuena" —donde se agrupaban las negras y mulatas más hermosas y elegantes de Matanzas»[56] con el fin de celebrar y cantar rumba.

Altar dedicado a la Virgen de Monserrate

Sin dudas, el Bando Azul de Simpson fue el de mayor prestigio y trascendencia histórica. Fue fundado el 18 de julio de 1910, respondiendo a una propuesta de Flora Heredia. Según Nancy Grasso:

> En esa fecha, en la casa número 47 de la calle Santa Isabel, se celebraba una ceremonia de bautizo a la

---
[56.] Martínez Furé, Rogelio: «El Bando Azul» en Actas del Folklore. Centro de Estudios del Folklor del TNC, La Habana, 1961. Año 1, No. 7. p. 269.

virgen de Monserrate. Flora Heredia –dueña de la casa– durante dicha ceremonia, tuvo la iniciativa de crear una agrupación con el fin de organizar fiestas de rumba, para lo cual ofreció su propia casa.[57]

Estas fiestas se daban fundamentalmente con motivo de fechas significativas, ya fuera con el propósito de celebrar el inicio de año, el aniversario del bando o el onomástico de algún asociado. Se escogió a la Virgen de Monserrate, símbolo de matanceridad, como deidad patrona del bando. Flora Heredia la adoraba y en el local donde residía tenía un altar con la representación de la virgen.

Como indica su nombre, el azul les identificaba. Las mujeres se encargaban de engalanar el local con cintas, lazos y cadenetas de ese color. En la pared se colgaba el estandarte del bando. También de color azul eran los pañuelos que utilizaban los hombres y las mujeres participantes. En palabras de Rogelio Martínez Furé:

> Los Azules usaban amplios pañuelos azul celeste para todas sus fiestas; los hombres, anudándolos al cuello; las mujeres, sobre los hombros en forma de pañolón. También llevaban sus respectivos distintivos al pecho.[58]

Dos tipos de distintivos en forma de triángulo y corazón significaban a los miembros del bando y a aquellas personas que por su relevante desempeño eran denominados «azul de corazón».

Otros objetos de identidad eran las copas, azules para las mujeres, y rojas para los hombres. Cuando se ponía la mesa con manteles blancos y azules, las mujeres se sentaban de un lado y los hombres de otro.

Algunos hombres del bando habían alcanzado un alto *status* social, al punto de llegar a ser concejales de Matanzas, como es el caso de Rivero Agüero y Silverio Fumero. Aunque se intentaba mantener ajena a la mujer de asuntos de liderazgo, Flora Heredia participó activamente hasta su fallecimiento el 24 de marzo de 1959, a pocos meses de arribar a los cien años.

[57.] Grasso, Nancy: Ob. cit. p. 10.
[58.] Martínez Furé, Rogelio: Ob. cit. p. 269.

Copas rojas *Copas azules «conservadas por Barbarito Cancino»*

El principal rol de la mujer dentro del bando era muy similar al asumido en los cabildos y las prácticas religiosas: garantizar todo lo relativo a la preparación de las cenas, que implicaba elaborar los alimentos y poner la mesa. Existían otras actividades que se distribuían entre las mujeres como, por ejemplo, adornar el local; comprar flores frescas para poner a la virgen; y asumir algunos cargos dentro de la jerarquía que organizaba el bando, pues conocemos de la asignación de una lavandera, una tesorera y de una presidenta al frente de la institución. Es curioso que, aunque se alega sobre igualdad y respeto presente entre hombres y mujeres, en su entrevista María Dolores Pérez expresa: «[…] ahí nadie podía llegar y decir, ahí estaba su presidente que era el que tenía la última palabra».[59]

Una vez más se observa la relación de subordinación entre hombres y mujeres; aunque comparten la mayor jerarquía es al presidente del bando a quien corresponde la mayor autoridad. Durante la existencia del Bando Azul fueron tres las presidentas que desempeñaron tal responsabilidad: Emilia Echevarría, Flora Heredia e Isabel Santiago.

Entre las rumberas que integraron esta asociación podemos mencionar también a las siguientes: Francisca Rodríguez; Panchita Chamalapo; Elvira Barani; Andrea Gutiérrez; Elvira Hernández; Inés Mesa; Regla Calle; Bárbara Calle; Estanislá Luna; Liduvina Miró, Casilda Uldeber; Esperanza Fumero; Isabel Fumero; Niña Minguín, Caridad Cruz; Zulima Hechevarría; Ángela Valdés; Maritza Hechevarría; Carlota Guada; Cusa Rojas y Josefina Vinajera.

[59] María Dolores Pérez. Entrevista por la autora, 14 de abril de 2014.

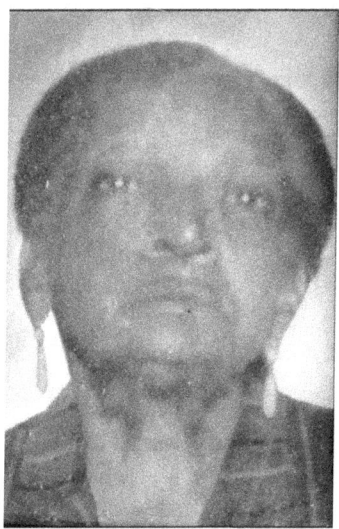

Flora Heredia, fundadora del Bando Azul

La agrupación contaba con un estricto reglamento, cuya finalidad consistía en procurar la continuación de la fiesta por varios días, pues el miembro o invitado que incumpliera debía proveer con determinado servicio o aportar comestibles o bebestibles, en dependencia del castigo impuesto.

El Bando Azul mantuvo su actividad hasta 1982 aproximadamente. En ese momento ya los miembros más significativos habían dejado de existir y las celebraciones habituales habían perdido sistematicidad. Sin embargo, hasta la actualidad los descendientes de Flora Heredia conservan la antigua casa del Bando y algunos de sus atributos y pertenencias: el altar de la Virgen de Monserrate, los estandartes y las copas representativas.

Por otra parte, las comparsas fueron también una forma de asociación festiva en la que participaron las rumberas. La comparsa fue un modo de diversión de las clases más humildes de la población de Simpson y La Marina. Las rumberas disfrutaban de aquellas bien famosas que salían indistintamente en los carnavales matanceros y se regocijaban al arrollar con exuberantes vestuarios al compás de la conga. Liduvina Miró perteneció a Las Gardenias; Francisca Rodríguez, Panchita Chamalapo, a Los Moros Azules y a Las Maravillas del Siglo, creada por Julián Mesa en

1941; y Estanislá Luna a una comparsa femenina denominada Las Garzonas, inspirada en la moda transgresora de los años veinte.

En los primeros años posteriores al triunfo revolucionario, se creó la asociación rumbera Los Babalotis, liderada por Aurelio Junco, donde las rumberas asumían los roles tradicionales de cocinar, servir la mesa, limpiar y arreglar los locales.

No fue hasta el año 1997 cuando surgió la primera agrupación femenina de rumba: Obbiní Abbericulá, que en lengua yoruba significa «Mujeres que tocan tambores judíos». En ella se integraban las rumberas Sonia Landa, Regla Mesa, Yaíma Pelladito y Teresa Poyedo. También perteneció Álida Leicea, quien afirma que en varias etapas la agrupación se ha disuelto y tratado de reconformar. Entre los principales obstáculos a enfrentar han estado la carencia de instrumentos musicales y la falta de apoyo institucional. No obstante, la agrupación llegó a realizar giras por los diferentes municipios de Matanzas y por las provincias de Villa Clara y Santiago de Cuba.

En Obbiní Abbericulá las mujeres cantaban y bailaban rumbas, pero lo más trascendente fue el hecho de tocar los tambores. La ruptura con la barrera patriarcal fue difícil, pero el empeño de Sonia Landa aseguró el éxito en un desafío que provocó no pocas tensiones en su matrimonio. Su esposo Francisco Radamés Domínguez Guada —quien fuera un reconocido percusionista— se opuso al interés de Sonia por ejecutar profesionalmente los instrumentos. Ella sin embargo se impuso ante los demás miembros de su familia, aprovechando la coyuntura de que los tocadores aceptaban enseñar la música cubana a mujeres extranjeras que llegaban a la ciudad en la década de los noventa. Si ellas podían tocar, ¿por qué no podría hacerlo una cubana?

SOBRE LA ASOCIACIÓN DE MUJERES RUMBERAS

La Asociación de Mujeres Rumberas (AMR) Estanislá Luna y Yeya Calle se funda el 13 de octubre de 2013, cuando se cumplían trescientos veinte años de fundada la Villa de San Carlos y San Severino de Matanzas. Con el interés de fortalecer la rumba son continuadoras de la tradición del Bando Azul: se reúnen una vez al mes, realizan asaltos a las casas de rumberas donde se esté celebrando por algún motivo y en conmemoración al bando, mantienen la tradición de las cenas, siguiendo algunas de sus costumbres en cuanto a organización y función. Además, apoyan los eventos religiosos que organizan sus compañeras, pues una buena parte está integrada por santeras activas.

Las rumberas de la Asociación procuran entre ellas una constante comunicación y disposición de camaradería. En las reuniones mensuales revisan sus finanzas, celebran cumpleaños colectivos, realizan exposiciones, degustación de platos tradicionales caseros y cantan. Cada asociada abona una cuota mensual para asegurar principalmente la cena de inicios de año y otros gastos asociados a las demás actividades que realizan.

Entre sus principales propósitos se encuentra el de preservar la memoria histórica de las rumberas matanceras, y es por ello que en sus reuniones constantemente afloran los recuerdos y experiencias que les complace compartir sobre aquellas mujeres de generaciones anteriores. También se han trazado como objetivos el estimular mayores espacios de ocio y recreación en torno a la manifestación cultural de la rumba en el barrio La Marina, así como la promoción de la labor investigativa que les ha llevado a participar en importantes encuentros teóricos. En este quehacer sobresalen Milvia Rivero, quien ha realizado investigaciones acerca de Los Muñequitos de Matanzas y el Bando Azul; y Regla González Miró quien ha registrado algunas de las memorias de reconocidas rumberas e inauguró recientemente el Taller Teórico Práctico de Rumba de Matanzas. A pesar de que consideran insuficiente el apoyo de las instituciones directivas de cultura en la provincia, les motiva el empeño de lograr una mayor unión entre los integrantes rumberos matanceros.

La asociación está integrada por treinta y cinco personas, veinte y ocho mujeres y siete hombres. A las mujeres corresponden los cargos de dirección: Álida Leicea y María Dolores Pérez son las presidentas de honor; Regla González la coordinadora general; Milvia Rivero es asesora y representante; Sonia Landa y Teresa Pérez son financieras; a estas se suman tres promotoras: Regla Mesa, Faneli Alfonso y Miriam Leicea. A los hombres solo corresponde el apoyo logístico y la ejecución instrumental.[60]

Álida Leicea Jiménez

[60.] Sobre el hecho de que los hombres sean los tamboreros, hay rumberas que consideran que las mujeres también pueden ocupar ese lugar y de hecho dos de estas mujeres Sonia Landa y Regla Pérez saben tocar todos los instrumentos de percusión que integran el conjunto. Aspiran a que en el futuro exista un pequeño formato integrado solo por mujeres. Entrevista realizada a Sonia Landa el 11 de octubre de 2015.

En todos los casos la rumba ha estado presente a lo largo de su vida, porque de hecho son hijas, nietas, esposas y madres de rumberos.

Ese es el caso de Álida Leicea que es hija de Bárbara Calle y nieta de Regla Calle. Álida desde su juventud cantó en el Cabildo Arará Espíritu Santo. Luego fue miembro del Bando Azul, donde entre otras responsabilidades le correspondía decorar los locales para las fiestas de rumba. En fecha más cercana (1997) fue cantante de la agrupación femenina de rumba Obbiní Abbericulá.

En la presidencia junto a Álida se encuentra María Dolores Pérez. Nacida en el solar El Diecisiete, es continuadora de la tradición rumbera al igual que sus hermanas Ana y Regla. Además de su oficio como peluquera, a los diecisiete años comenzó a incursionar en la música. Para ese tiempo fue invitada a participar en el grupo de aficionados Folklor de Pueblo Nuevo, dirigido por Jesús Hernández. Posteriormente se integró al grupo Afrocuba de Matanzas como bailadora y cantante. La interpretación de los temas «Tambor» y «Químbara», y la creación de la rumba «Caridad», le permitieron ganar popularidad en el pueblo matancero.

María Dolores Pérez Herrera

Por su parte, Milvia Rivero es hija de Álida Leicea. Se formó dentro del ambiente rumbero en estrecha relación con su abuela Barbarita Calle y con los miembros fundadores de Los Muñequitos de Matanzas que ensayaban en su casa. Además de su profesión vinculada al sector turístico, se desempeña como directora de la Ermita de Monserrate, hoy sala de conciertos, que ha logrado reanimar con eficiencia el ambiente cultural de la ciudad. Milvia se ha destacado fundamentalmente como investigadora, gestora y representante de la AMR, promoviendo la participación de la Asociación en importantes eventos teóricos referentes a la rumba. Se ha interesado en historiar a Los Muñequitos de Matanzas como agrupación insigne de la rumba matancera.

Regla González Miró

Regla González Miró es hija de Liduvina Miró y hermana de Jesús Alfonso, quien fuera tocador de Los Muñequitos de Matanzas. Regla labora en el Centro Cultural Nelson Barrera y se caracteriza por un compromiso social que ha facilitado el desarrollo de proyectos comunitarios de gran impacto en el barrio de La Marina. Integra la Red de Educadores Populares de Matanzas y actualmente es la coordinadora de la AMR.

Sonia Landa, como ya se comentó antes, es una de las pocas mujeres que domina la ejecución de los instrumentos de percusión (tumbadoras, catá, claves). Aprendió a tocar con su esposo Francisco Radamés Domínguez Guada y tocó en Obbiní Abbericulá. Actualmente dirige además, el proyecto Danza Corpus que ofrece presentaciones en espacios destinados al turismo.

Miriam Leicea Jiménez

Mención aparte merecen Miriam Leicea, Martha Mesa y Sara Gobel, pues realizan una de las funciones más importantes en la transmisión de la tradición rumbera: ellas son guías del canto. Martha es hija de Julián Mesa y nieta de Inés Mesa; Miriam es hija de Bárbara Calle y bisnieta de Regla Calle; Sara es miembro de una de las familias más reconocidas en la práctica de rumba y de santo, los Villamil y fue la esposa de Francisco Zamora (Minini), director del grupo Afrocuba, hasta el final de su vida. Por tanto, son herederas directas de los cantos de sus antecesores y en la práctica lo trasladan a las más jóvenes.

Como se observa, para algunas de estas mujeres la rumba no fue solo un espacio festivo y de recreación, sino que, al integrarse a agrupaciones profesionales, hicieron de la rumba su espacio laboral.

La mayoría de las mujeres que pertenecen formalmente a la asociación son de avanzada edad y jubiladas laboralmente, eso facilita su participación sistemática en las reuniones y actividades que se realizan. Otras mujeres más jóvenes y en vida laboral, aunque gustan de la rumba, se sienten imposibilitadas de pertenecer formalmente a la AMR porque no pueden cumplir con la disciplina que imponen las mayores.[61]

[61.] Vivian Ramos Aldazábar. Entrevista por la autora, 20 de septiembre de 2015.

El estandarte de la AMR en su diseño expone los elementos más relevantes de la identidad colectiva. En primera instancia se declara como una entidad creada con un fin: la rumba; integrada por mujeres; con un límite territorial, Matanzas; que reconoce a Estanislá Luna y Regla Calle como sus paradigmas. Los colores utilizados en el diseño rojo, azul y blanco aluden a su sentido de cubanía y coinciden con los de la enseña nacional.

Al igual que el Bando Azul, la AMR venera a la Virgen de Monserrate,[62] que es una figura religiosa de gran significación a nivel local, de ahí su vínculo con la Ermita de Monserrate, convertida ahora en un centro cultural que abre sus puertas a las rumberas y apoya sus actividades.[63]

Desde su origen, la asociación tiene fuertes conexiones con las otras agrupaciones tradicionales de la rumba que le ha antecedido, especialmente el Bando Azul. De ese modo conservan la organización y estructura social del grupo; el propósito de realizar y conservar la tradición rumbera; el cumplimiento de un calendario festivo. A diferencia de sus antecesoras, la asociación asume objetivos propios de un proyecto local inscrito en los presupuestos de trabajo de la cultura comunitaria. En este sentido, el docu-

---

[62.] La Virgen de Montserrate es la patrona de Cataluña, ciudad hermanada con Matanzas. La tradición catalana en Matanzas ha permitido que prevalezca una de las celebraciones más importantes de la ciudad: La Colla: Se celebra anualmente, realizándose una peregrinación de la Virgen desde el centro de la ciudad hasta la Ermita de Montserrat.

[63.] Fue en la Ermita de Monserrate donde el 13 de octubre de 2015 se realizaron actividades con motivo del segundo aniversario de la AMR.

mento que formaliza la existencia de la asociación detalla que se propone como objetivos:

- Rescatar el patrimonio cultural vinculado a la mujer rumbera, herencia de la cultura popular matancera desde el siglo XIX hasta nuestros días, garantizando su trascendencia y desarrollo hacia las futuras generaciones.
- Promover y enriquecer la historiografía, asociada a la cultura popular de los barrios matanceros vinculados a la rumba, a través de la investigación y la recolección de datos y evidencias de carácter patrimonial.
- Fomentar espacios saludables para la recreación y el ocio de los diferentes segmentos de edades de los principales barrios de la ciudad, incorporando las presentaciones artísticas culturales en eventos, jornadas y actividades vinculadas al tema.[64]

En las celebraciones las mujeres mantienen los roles tradicionales: elaboración de los alimentos, el servicio a los asistentes, y la limpieza y decoración de los locales. Pero el orden se ha revertido con la decisión de crear una organización femenina, cuyas integrantes son ahora las que asumen el mando al ocupar los cargos jerárquicos y disponer de la organización de las rumbas.

Integrantes de la AMR conversan mientras esperan el inicio de la celebración de rumba en el Centro Cultural Nelson Barrera

---

[64.] Documento de la Asociación de Rumberas de Matanzas «Estanislá Luna y Yeya Calle», archivo personal de Milvia Rivero.

Ahora, es al hombre a quien le corresponde el rol secundario de apoyo y compañía, aunque en el caso de la música, mantiene su rol tradicional de tocador de rumba. Los hombres en las celebraciones aceptan ser guiados y mantienen una actitud de respeto y camaradería hacia las mujeres.

En correspondencia con el lugar que ocupa la mujer en la sociedad cubana de hoy, también entre las rumberas matanceras ha ocurrido un empoderamiento de género, que deja atrás el plano subalterno que históricamente les reservó el pasado.

Las actividades que realiza la Asociación propician la visibilidad y el reconocimiento social de las rumberas. De ese modo han trascendido del ámbito local para llegar a espacios y medios como la peña «En clave de rumba» organizada por la musicóloga Caridad Diez; la grabación de los programas televisivos como *Hurón Azul*; el documental *El Niño de Cañamazo*, dirigido por el antropólogo Miguel Ángel García Velazco; el evento teórico de Timbalaye en 2014, o la celebración cada año del Día de África. Además, ha merecido un respeto dentro de la comunidad rumbera, por la relevancia que para esta ha significado el desempeño de muchas de sus integrantes, de forma que agrupaciones como Los Matanceros y Afrocuba les han rendido homenaje en las fechas de aniversario de fundación de la Asociación.

«No se puede pensar solo en la fiesta, el trago y la rumba, hay que profundizar, [...] hay que inculcarle a los más jóvenes el amor, para que esta raíz no se pierda.»[65] Así se dirige Miriam Leicea a sus compañeras durante uno de los encuentros reflexivos en torno a la rumba. Y es que la AMR ha significado para el movimiento cultural de Matanzas una iniciativa de apreciable valor que reinvindica la contribución de la mujer en la historia y dignifica a las rumberas actuales. Ha constituido una forma de reanimación de los espacios de socialización rumbera, otorgando vigencia y sistematicidad a las fiestas anuales y a los encuentros al interior de los solares. Ha logrado reordenar la memoria colectiva y llevar a escena cantos que forman parte del repertorio tradicional y del patrimonio cultural de la rumba matancera. Y por primera vez, ha logrado materializar un proyecto que en manos

---

[65] Palabras pronunciadas por Miriam Leicea en encuentro teórico en La Ermita de Monserrate, 13 de octubre de 2015.

de las rumberas matanceras va ganando experiencia y encontrando en la práctica alternativas de autofinanciamiento y gestión que garanticen la existencia de la Asociación y el desarrollo del género en los años venideros.

La organización, propósitos y acciones de la AMR se asienta en las formas más antiguas de estructuración social y jerárquica de instituciones populares antecedentes como el cabildo, las sociedades de recreo y los bandos, por lo que resultan continuadores de estas entidades de resistencia cultural, al tiempo que se distingue de estas en la intención explícita de que las mujeres sean las principales protagonistas.

La especificidad de género que da identidad y sentido a la Asociación, es exponente del empoderamiento social que ha logrado la mujer en más de sesenta años de la Revolución cubana. Los objetivos y gestión que ellas se proponen trascienden el espacio festivo de una rumba y se proyectan conscientemente hacia el conocimiento, la preservación y la transmisión de un patrimonio cultural a las más jóvenes generaciones.

DEL SOLAR AL ESPACIO PÚBLICO: RUMBERAS EN ESCENA

Las celebraciones lideradas y organizadas por la AMR se acogen a dos fechas de gran significación dentro de su calendario. La primera fiesta tiene lugar el 13 de octubre aniversario de fundada la Asociación, y la segunda el 2 de enero, día escogido para la realización de la cena por año nuevo, una tradición heredada del Bando Azul (Ver Anexos).

Por otra parte, en el marco de celebración de la Jornada de la Cultura Cubana y del aniversario de la AMR, en octubre de 2015 nace la idea de crear un espacio mensual que se identifica con el nombre de *Rumba con mesura y cadencia*, gestado por las propias rumberas con el propósito de retomar las rumbas que hasta los años ochenta se realizaban en el solar conocido como El diecisiete, situado en Manzano, entre Callejón del Ángel y Madan.

Las dos fiestas de carácter anual tuvieron como espacio el Centro Cultural Nelson Barrera, situado en el barrio de La Marina (esquina Madan y Manzano) y solo permitió la participación de los miembros de la asociación y sus invitados. Por otra parte, a diferencia de estas celebraciones, la rumba del solar «El diecisiete» fue un espacio abierto al público y como tal, logró una amplia participación de la comunidad.

Tuve la posibilidad de visitar estas tres propuestas festivas, a las que concurrieron generaciones diversas de rumberos con una función de esparcimiento y socialización. A los adultos que desde su vasta experiencia lideraron la práctica de la rumba, se sumaron algunos jóvenes y niños de la comunidad, atraídos por la curiosidad o acompañando a sus abuelas y abuelos rumberos.

Es necesario aclarar los conceptos que de «performático» y «performativo» han sido asimilados para interpretar el comportamiento de las rumberas matanceras, teniendo en cuenta el criterio que:

> En el aspecto performático, «actuar» significa demostrar un talento (como podría ser bailar o cantar); por otro, en el contexto performativo, en el caso de la actuación en el ámbito de la socialización, actuar también se corresponde a la exhibición o repetición de un patrón de comportamiento que una cultura determinada puede reconocer y cuyos significados puede descifrar.[66]

La rumba es un performance con memoria

En la escena estudiada los cantos, toques y bailes de rumba adquieren un protagonismo y significación sociocultural donde convergen tradicionalidad y ruptura. Por una parte, es el deseo de mantener con fidelidad la rumba legada por los ancestros a través de un acto performático de memoria[67] y transmisión de conocimientos, por otra, aparecen nuevos comportamientos apreciables en el acto performativo.

En los comentarios de las rumberas se evidencia un criterio común, ellas comprenden la funcionalidad de las celebraciones, no desde el hecho de crear rumbas que surjan con la espontaneidad que lo hacían las rumberas anteriores, sino en el propósito de rememorar sus cantos. Entonces puede verse la rumba actual como una representación performativa, donde los performers reinvocan un momento pasado que forma parte de su memoria histórica y da sentido a la reunión.

[66.] Carlson, Marvin: *Performance: A Critical Introduction*. Routledge, London and New York, 1996. p. 4.
[67.] Con el concepto de memoria histórica se hace alusión a la permanencia y conservación del relato histórico y de elementos culturales a partir de las relaciones sociales, familiares y de grupo. En la práctica cultural se reproducen comportamientos, saberes y experiencias de vida que en el transcurso del tiempo se mantienen estables.

En cada uno de los espacios observados las rumberas rememoran a sus ancestros a quienes deben su formación dentro de la manifestación, a ellos y ellas agradecen desde la práctica de la rumba. En el solar El diecisiete se dedicaron cantos a los ancestros y entre las figuras recordadas estuvo Julián Mesa con el canto «Amigo». La festividad de rumba realizada en el Centro fue un espacio para compartir anécdotas y experiencias de vida refiriéndose con orgullo a «aquellas viejas» rumberas como Estanislá Luna, Regla Calle y Barbarita Calle. Evocaron las reuniones que esas mujeres dedicaban a la rumba durante su tiempo libre. La rumba «que rompió» en el patio del Centro Cultural Nelson Barrera fue buen motivo para recordarlas.

En diferentes momentos, las acciones que se proyectaron manifestaron el interés por mirar hacia el pasado. «Hay que recordar a to'a esa gente»,[68] fue expresión y modo generalizado de sentir en palabras que encierran la añoranza y orgullo de haber conocido a aquellas antiguas rumberas.

La mayoría de los cantos realizados fueron «sacados» o levantados por Sara Gobel, María Dolores Pérez, Martha Mesa y las hermanas Álida y Miriam Leicea, descendientes de familias rumberas. Como se afirma en las entrevistas,[69] son rumbas que ellas retoman de sus madres y abuelas porque han pasado de generación a generación.

Performatividad en la escena

Las fiestas de rumba ocurren en fechas significativas para la AMR y no como un hecho cotidiano de esparcimiento dentro del contexto doméstico, como era común en el pasado.

Las celebraciones de rumba gestadas por la AMR toman como espacio habitual el Centro Cultural Nelson Barrera, institución estatal con fines culturales y recreativos, por lo que la selección del

---

[68.] Testimonio de Sara Gobel registrado por la autora en rumba celebrada en el Centro Cultural Nelson Barrera.
[69.] Entrevistas concedidas a la autora por Álida Leicea el 5 de marzo de 2014 y Miriam Leicea el 15 de septiembre de 2015.

espacio pone en evidencia el diálogo que ellas mantienen con las autoridades encargadas de aplicar una política cultural que apoya y estimula las prácticas culturales tradicionales y sus formas de reunión. Sin embargo, a diferencia de las rumbas de antaño, esta mujer rumbera se expone al espacio público a donde traslada comportamientos y acciones del espacio privado tradicional. Para ellas son menos frecuentes las fiestas familiares de rumba y más sistemáticas estas actividades que ocurren tanto en el Centro como también al interior del solar El Diecisiete. Este último espacio, aunque privado porque se trata del interior de un solar donde habitan numerosas familias se transforma en espacio público por la acción de la Asociación. Es un sitio que mantiene un vínculo simbólico con las rumberas que antes nacieron y habitaron en ese lugar, como Ana, María Dolores y Regla Pérez Herrera.

Comportamientos sociales determinados por la jerarquía, la edad y el reconocimiento del grupo se trasladan a estos nuevos espacios de socialización. Por ejemplo, en el solar El Diecisiete, las rumberas desde que llegan ocupan el centro del local y para ello reacomodan las sillas, de ese modo hacen evidente el lugar de jerarquía que les corresponde. Así mismo, el reconocimiento y la consideración del grupo se manifiestan en el modo en que se les saluda antes que a otras personas y de igual manera se les atiende primero.

Al margen de su marco familiar, en el contexto de la fiesta, las participantes hacen valer su independencia como individuos. Aun cuando llegan acompañadas por esposos o hijos, cada una de ellas ocupa el lugar que le corresponde entre las demás mujeres y de esa manera socializan.

Performatividad en la imagen

La imagen de estas rumberas no es en nada coincidente con la imagen popularizada por las rumberas del cine de los cincuenta o las que vemos transitar hasta hoy por escenarios y pantallas televisivas.

Como ya antes se ha explicado, son mujeres de edad avanzada, que no conservan la silueta femenina de ensueño, ni las sensuales curvas de la rumbera de salón. Su constitución física puede tener todas las variantes de peso y talla que podamos imaginar en mujeres que, en mayoría, son negras y mulatas. Entre ellas es un rasgo común el interés por estar bien vestidas y peinadas, según los criterios populares de la moda y aunque siguen utilizando faldas largas y anchas, pueden incorporar cualquier pieza y modelo de vestuario que tengan a su alcance. Por ejemplo, en estos momentos la licra tiene gran aceptación y muchas de estas mujeres la usan al margen de su edad. La licra y un blusón largo son suficientes para garantizar los movimientos que antes realizaban con la falda (Ver Anexos). Sandalias o zapatos deportivos es el calzado preferido por la comodidad que ofrecen al bailador. En cuanto a los peinados, estas rumberas en su mayoría se alisan el pelo o usan extensiones, con un escaso empleo de peinados «afro» o de los pañuelos anudados en la cabeza, la imagen de estas rumberas matanceras es consecuente con la de cualquier cubana según la edad, tiempo y lugar que les corresponde. Su peculiaridad no está en el modo de vestir, sino en el modo en que proyectan su manera de ser, el sentido de autoestima y autoridad con que ocupan la escena y a través de su desempeño involucran a todos los presentes en el performance de la rumba.

Performatividad en los roles

Llama la atención que, como fieles herederas de las antiguas rumberas, estas mujeres asumen también cuestiones de logística y organización para propiciar la rumba. En el caso de Regla González puede evidenciarse esta responsabilidad. Es ella quien está al tanto de reunir a las rumberas para recordar y distribuir las tareas pendientes. También sobresale el hecho de que se preocupe por resolver asuntos técnicos como el audio y la microfonía, y de producción, desde contar las sillas necesarias para las integrantes de la asociación hasta coordinar la presencia de los músicos.

Otro rol que ha sido y es aún reconocido como masculino es el de liderazgo o guía en la rumba. Sin embargo, Sara Gobel y María Dolores Pérez devienen en excelentes líderes, pues realizan acciones que encaminan el desarrollo de la presentación.

En la rumba observada el día once en el Centro, Sara realizó todo lo posible para estimular la respuesta rumbera de las demás participantes. En un primer momento Miriam, Álida y Sara intentaron comenzar el canto, pero la iniciativa no fue seguida por las demás participantes que se encontraban aún dispersas. Sin embargo, Sara con la expresión de «¡Raíz rumbera!» y levantando el canto, logró concentrar la atención del grupo y que la rumba se desencadenara. Lo anterior es un ejemplo del modo en que la jerarquía y el liderazgo sobre el grupo también se hacen valer a través del canto.

Por su parte, las decisiones que tomó María Dolores en la rumba de El diecisiete fueron respetadas por el grupo. Al inicio del canto «Mesura y cadencia» corrigió la clave tocada por su hermano, esta fue sustituida por la variante con que se interpreta el yambú; exigió a los músicos acompañar la diana interpretada por Minini en el tiempo necesario que requería para su realización; en el canto de San Pedro orientó la tonalidad y entonación melódica que consideró correcta, a diferencia de la interpretada por los hombres y ante las demás rumberas, se situó justo al centro de pie, «sacando» diversos cantos.

El canto se mostró como elemento unificador que todas compartían, pues no todas bailaron, pero todas respondieron a los coros. En el baile aparecieron elementos de continuidad coreográfica, patrones que se mantienen fijos a través de la memoria histórica de las rumberas. Un ejemplo de ello fue la forma de movimiento exagerado entre los hombros y los brazos abiertos, típico de las rumberas anteriores y que se retomó por estas mujeres. Así como pasos comunes del yambú, que requieren de un baile cadencioso, con las piernas flexionadas y con la posibilidad de que el bailador se apoye en el hombro de la rumbera.

En otro sentido, en el baile de ambas celebraciones se observaron transgresiones en determinados comportamientos, como por ejemplo, salir a bailar sin esperar la invitación de una pareja. Pueden bailar solas o en grupo y hasta tomar la iniciativa de sacar a un hombre. Es interesante cómo una de las rumberas más jóvenes se enlazó con su compañero, en una forma que es más característica del baile de pareja del son, que de la rumba.

Otra bailadora, María Dolores, realizó breves figuras coreográficas en respuesta al tocador del quinto, de un modo que resultó cercano al desempeño de un bailador de columbia.

En el baile tradicional de la rumba, el *vacunao* aparece solo en la variante del guaguancó y por lo general ese gesto de posesión del hombre hacia la mujer trata de ser evitado. Las féminas lo significan cubriéndose la pelvis con las manos o con el movimiento de pañuelos o de la falda, de ahí que las antiguas rumberas se sintieran orgullosas de no dejarse *vacunar*. Sin embargo, las rumberas actuales no le otorgan la misma importancia al *vacunao*, ni este aparece exclusivamente en la variante del guaguancó. Por ejemplo, Sonia Landa invitó a uno de los hombres participantes a bailar yambú y al final del baile permitió que el bailador la *vacunara* (Ver Anexos).

También resultó llamativo el doble papel que asumieron rumberas como María Elena e Isa Lamar, hija de Martha Mesa. Cada una participó como guía del canto y a la vez salió a bailar en pareja.

Las festividades de la AMR son espacios donde la memoria colectiva restablece prácticas y repertorios rumberos, en función de los nuevos intereses de sus cultores. En el acto performativo la rumba se reintegra a través de la participación de mujeres y hombres que en el desempeño de diversos roles (líderes, organizadoras, cantantes, bailadoras, tocadores) definen las relaciones jerárquicas y la dinámica social del grupo. En ese sentido, determinan la manera en que el grupo se organiza en el espacio físico; desarrollan una corporalidad danzaria y gestualidad en el canto que refuerza el discurso rumbero y la comunicación del grupo; construyen una imagen basada en la conducta y autoridad de las rumberas.

En esa práctica festiva, el canto preserva la creación musical de las rumberas matanceras desde el siglo XIX hasta la actualidad y se instaura como memoria histórica para el grupo y para el resto de los cultores de la localidad.

QUE CANTEN LAS MUJERES: EL REPERTORIO RUMBERO

El repertorio interpretado en las diferentes festividades incluye no solo los cantos tradicionales de rumba de las barriadas de Simpson y La Marina, sino también los cantos que identificaban a comparsas de gran prestigio como Los Moros Azules y Las Maravillas del Siglo. Se incluyen los cantos del Bando Azul y otros pertenecientes a rumbas del barrio Pueblo Nuevo, como el canto del bando La mina de oro. Los orígenes de los cantos se remontan a la primera mitad del siglo pasado.[70]

Estos cantos en su mayoría son considerados «rumbitas» o yambú y son muy populares en la comunidad rumbera porque se transmiten de forma empírica, por tradición oral y práctica social. Una buena parte se considera que pertenece a la creación de rumberos y rumberas del Bando Azul, sin embargo no se recuerda exactamente los nombres de los autores, por eso se consideran anónimos. Otros cantos se atribuyen a autores como Julián Mesa, Quirino Yin y Silverio Fumero.

La permanencia de este repertorio representa la continuación de la rumba como manifestación tradicional y desencadena en la rumbera el recuerdo de una serie de vivencias, anécdotas y celebraciones imbricadas a la familia, al círculo cercano de amigos, al vecindario, la comunidad y a las diversas formas de asociación para el recreo, entes que forman parte de su imaginario y cultura popular.

La definición de la identidad de las rumberas se encuentra intrínsecamente ligada a la memoria histórica del contexto vivenciado. Es

---
[70] Álida Leicea Jiménez. Entrevista por la autora, 5 de marzo de 2014.

el canto una de las vías de la oralidad a través de las cuales se configuran los conocimientos y concepciones, que reafirman esa identidad. El estudio y caracterización de los cantos como objeto de identidad puede llevar a la comprensión del sujeto de identidad, la rumbera.[71]

Los cantos que se incluyen son los más referidos en las entrevistas y algunos de ellos fueron «sacados»[72] tanto en el espacio *Rumba con mesura y cadencia* en El Diecisiete, como en la rumba del día once en el Centro Cultural Nelson Barrera. Además, la muestra se completa con cantos que solo aparecen grabados en las entrevistas.

Fueron registrados y analizados treinta cantos. En cuanto al repertorio observado en las celebraciones, pudimos registrar el empleo de dos de las variantes tradicionales de la rumba: el guaguancó y el yambú.

Además de estas variantes se cantan temas propios de las comparsas o temas populares que se asimilan en estilo de rumba. Es el caso de «Maravillarte», canto que proviene de la comparsa Las Maravillas del Siglo; «Los Moros» de la comparsa Los Moros Azules; «Sevillana», y «Mesura y cadencia», un tema creado por un grupo aficionado de jóvenes portuarios habaneros, quienes lo popularizaron en el programa televisivo *Todo el mundo canta* durante la década del ochenta.

Como es conocido, el guaguancó se estructura a partir de una introducción que incluye la diana; una sección narrativa donde el texto asume una forma rimada, ya sea a través de décimas o cuartetas; y el capetillo, donde se da una constante alternancia solo-coro. El yambú mantiene la misma estructura, pero la sección narrativa es más breve y está formada por cuartetas. Sin embargo, en la mayor parte de los cantos registrados en las celebraciones de la AMR esto no se cumple. La estructura más común es que se omita la introducción y la sección narrativa y que toda la elabora-

---

[71.] Un aspecto de gran importancia del sistema de la oralidad es su carácter de fuente histórica. Ello implica que la memoria de la comunidad, con sus victorias y derrotas, junto al aprendizaje que esta experiencia apareja, se diluye al ser cancelada dicha vía. Y como no puede haber identidad sin memoria, el empobrecimiento progresivo de esta se traduce en el debilitamiento o la pérdida de la identidad. O sea, sin la palabra viva no puede haber identidad" Tomado de: Colombres, Adolfo: *Teoría de la cultura y el arte popular. Una visión crítica.* Ediciones Icaic, La Habana, 2014. p. 73.

[72.] Mediante la expresión «sacar o levantar un canto» en el lenguaje propio de la rumba se hace referencia ya sea a la improvisación o ejecución de un canto por parte del solista.

ción del canto se base en la reiteración de los coreados (capetillo) con la alternancia de solo y coro.

Al parecer, este no es un comportamiento nuevo. Al respecto, se tiene referencias a partir del estudio que realiza Raúl Martínez Rodríguez sobre la rumba matancera. Martínez describe como rumba urbana, aquella protagonizada por rumberos y rumberas de las generaciones anteriores. Sobre sus cantos refiere: «La parte vocal se limitaba a melodías cortas, entonadas en registros centrales y en modo mayor. Éstas eran cantadas por un solista y un coro, a manera de estribillo, y los temas eran muy variados y sencillos».[73]

Tanto en entrevistas como en festividades, la rumbera va directo a la ejecución de los coros, a excepción de unos pocos cantos que interpretan desde la sección narrativa. Esto se debe por un lado, a que así fue la práctica rumbera que conocieron de sus antecesoras, por otro, de algunos cantos solo recuerdan los coros. En las entrevistas las rumberas afirman cuán dificultoso les resulta en ocasiones recordar cantos cuyas coplas han perdido vigencia. Por mucho tiempo la mujer solamente asumió el rol del canto en los coros y no el de solista. Es posible que la reproducción de este patrón se evidenciara en las antiguas rumberas desde aquel entonces. Esto puede haber provocado la falta de competencia para el desarrollo del trabajo improvisatorio que aparece en las dianas y cantos del solo.

En otro sentido y haciendo alusión a aspectos interpretativos y a cualidades vocales de las rumberas matanceras, puede afirmarse que el timbre de la agrupación analizada dista mucho del logrado por agrupaciones profesionales de rumba habanera como Clave y Guaguancó y Yoruba Andabo. El sonido, en el caso de estas agrupaciones, es más redondo y empastado. Las rumberas estudiadas muestran en sus cantos un sonido más abierto. Sin embargo, emplean recursos muy particulares que enriquecen la interpretación del canto.

La solista posee la capacidad de hacer más evidentes las inflexiones, acentuaciones y articulaciones —los denominados «floreos del canto»—,[74] con esto da mayor intencionalidad a las frases. Es por

---

[73.] Martínez Rodríguez, Raúl: Ob. cit. pp. 127-129.
[74.] Entrevista concedida a la autora por Álida Leicea el 28 de diciembre de 2015: Con floreo se refiere a la forma de realizar ornamentos, inflexiones e intenciones en el fraseo.

ello que existe contraste entre el canto articulado por la solista, con respecto al del coro.

En otro orden de ideas, en los textos del repertorio registrado aparecen cantos donde se revela la existencia de un pensamiento patriarcal y el interés de la mujer por alcanzar un nuevo emplazamiento. En la interrelación dual femenina/masculina es perceptible la polémica del «poder», porque de cierta forma ha existido y continúa existiendo una desigualdad genérica.

El análisis textual de los cantos registrados permite evidenciar un discurso de oposición y resistencia a los roles que la sociedad impone a la mujer. La rumbera convoca al empoderamiento de los espacios donde se desarrolla. El canto de despedida de Estanislá Luna estimula este pensamiento dada la expresión: *Que canten las mujeres que no les siento la voz*. Es un evidente llamado a la participación, protagonismo y acción de la mujer en la rumba. La identidad individual de Estanislá estaba definida por un acervo de experiencias de alguna manera opresivas, marcadas por su lucha en contra del pensamiento patriarcal y clasista (evidente en los testimonios y anécdotas sobre su vida). De varias rumbas atribuidas a su autoría, no por casualidad fue esta la que escogió para que le acompañara hasta su destino final, con ello dejaba un claro mensaje para las futuras generaciones de rumberas.

En las generaciones contemporáneas ha destacado una figura como la de Sonia Landa, quien junto a un grupo de mujeres creó la citada agrupación musical de rumberas de Matanzas: Obbiní Abbericulá. Este logro llevó a la inspiración de una rumba:

Obbinisa tú ves lo que dicen de ti,
te pasaste pa´ llá
con tu ritmo rico y suave
y tu rico compás.

La obbinisa, mujer en dialecto yoruba, se posiciona al fin ante los tambores y se apropia del lenguaje rítmico que hasta ese momento solo pertenecía al hombre. Logra sentirse igual con respecto a este y demuestra que puede hacer y decir, en una música sin implicancias religiosas. Ese el sentido de «te pasaste pa´ llá».

Las diferencias sociales que persistieron para los negros, como clase subalterna y marginada luego de erradicada la esclavitud, se exteriorizan en el canto «Los moros azules». En este caso, la criada decide liberarse de su posición de servidumbre para salir a divertirse con la comparsa Los Moros Azules, otro ejemplo de respuestas de resistencia por parte de mujeres pertenecientes a los estratos más humildes de la sociedad.

Señora dice la criada que ya se va (bis)
Con los Moro Azules a guarachar (bis)
Señora, señora, señora yo no voy a trabajar.

Al ordenar los cantos según los tópicos que son comunes en los textos, podemos comprobar que la rumba es reflejo de diversas aristas que caracterizan la identidad de estas rumberas. Las temáticas más abordadas se relacionan con sus criterios sobre la religiosidad, el trabajo, las relaciones sociales y las relaciones de pareja.

Muchos cantos refieren la conducta que debe seguir la persona iniciada en la santería o cualquier otra religiosidad similar. En esos casos, generalmente el canto adquiere una función moralizante y remite a la conducta adecuada o a las consecuencias que puede tener no respetarlas, funcionan entonces como lecciones encaminadas a promover un correcto actuar del creyente y un fuerte respeto a estas religiones.

Entre los más conocidos se encuentran «Leguleya» y «Patrocinia». La primera fue inspiración de Julián Mesa, quien se encontraba haciendo su santo y debía seguir una serie de reglas:

No me puedo lloviznar,
no me puedo molestar
ni me pueden dar las doce
del día ni de la noche,
porque yo soy iyabó
y si llego a dilinquir
lo malo lo pago yo.

Resulta interesante cómo la rememoración del canto hace que Miriam y Álida recuerden la forma en que es asesinado Julián

Mesa al no cumplir con su promesa. En el caso de «Patrocinia» sucede algo similar, el hecho de que este personaje muestre ante la religión una conducta irrespetuosa e inapropiada, es cuestionado y desaprobado por los rumberos:

A Patrocinia qué le pasa,
que no respeta a Yemayá
Celia me mandó a buscar
a Caridá su madrina
dice que estaba en la esquina
profanando del altar.

Coro:
Coro, Patrocinia,
 Coro vamo´a ver
Patrocinia vamo´a ver

De igual modo, el discurso se refuerza con la mención de los nombres de deidades y vocablos propios de la lengua yoruba y de la jerga abakuá. En «Mina de oro» se emplean los vocablos yoruba *Iyá Maddé*, que significan en su traducción «el manto de la madre» o como ya antes mencionamos, obbinisa para indicar a una mujer. De la jerga abakuá aparecen vocablos que acentúan la conclusión del verso. Un ejemplo es en «Marcelino»: el uso de *monina yenye*, que remite al concepto de «socio» o amigo.

Algunos cantos aluden a las faenas que eran asumidas por los sectores más humildes de la población. Los cantos muestran labores tan antiguas como la construcción de bateas («El componedor de batea», de Félix Campo) o de oficios como el que aparece en el canto «Quirino, el jardinero», perteneciente a un integrante del Bando Azul de mismo nombre.

También hacen espacio en el repertorio los temas referidos las relaciones de pareja, a la imagen idílica de la mujer, el halago y galantería por parte del hombre. Cantos de cortejo y coquetería en los que el hombre está a la conquista de la mujer. Se recuerdan los que cantaba la rumbera mayor:

Yo voy a pasar
donde esa negra tiene el cuarto
para ver si es verdad
que ella lo tiene como quiero yo.

Este canto nos ha llegado versionado de tres formas. Se dice que estaba dedicado a Inés Mesa por uno de sus pretendientes.

Fue también muy común el canto de puya, en el cual se desarrollaba una forma de comunicación y entendimiento grupal, donde tenían lugar las ocurrencias de las antiguas rumberas, sus bromas y jaranas.

Los cantos de puya eran muy gustados entre esas rumberas y los «levantaban» en determinadas situaciones en el propio desenvolvimiento de las celebraciones. Era una forma de jugar a través del doble sentido. Muchas veces según las historias de las entrevistadas, las rumberas creaban estos cantos para mortificar a los participantes de la rumba o sencillamente para demostrar cuando alguien no agradaba o no era bienvenido en la festividad. En este último caso puede ejemplificarse con el siguiente:

Oiga, usted no gusta,
y le rogamos,
que se vaya

Miriam Leicea afirma que su abuela Yeya Calle siempre empezaba la rumba con un canto de Estanislá Luna, en el que «tiraba su jarana»[75] y hacía uso del doble sentido.

Como se puede evidenciar los cantos exponen los intereses más inmediatos de estos rumberos en cuanto a la tradición, la familia, la religiosidad, el trabajo, las relaciones sociales.

En su diseño rítmico melódico, principios formales, entre otros aspectos, los cantos demuestran el apego a comportamientos musicales antecedentes y a la tradición rumbera. Sin embargo, también se observa una ruptura en la estructuración formal del canto que altera la relación entre las partes (diana, introducción, exposición del tema y estribillo alternante solo-coro) y se limita

---

[75.] Miriam Leicea. Entrevista por la autora, *15 de septiembre de 2015.*

a la entonación de los coros, ratificando la función musical que tradicionalmente ha correspondido asumir a las mujeres.

El repertorio de cantos funciona como canal transmisor de experiencias, procurando la continuidad de la memoria histórica, ya sea desde la práctica familiar o social de la rumba. El canto se constituye como reflejo de preservación, adaptación y reelaboración de rasgos propios de la cultura musical cubana y promueven una nueva forma de articular un discurso musical y performativo en el espacio matancero de la rumba.

El análisis de los cantos no es más que una muestra de lo que en estas páginas se ha argumentado respecto a la identidad de la rumbera matancera.

Esta define su modo de ser y hacer la rumba, determinada por:

- Condicionantes etno culturales vinculadas a las prácticas de resistencia y en respuesta a formas de exclusión social vividas por estos grupos desde la esclavitud hasta los diversos modos de discriminación económica, sociocultural y política, en la existencia de un pensamiento clasista, tópicos estos que aparecen reflejados en las letras de los cantos.

- Condicionantes de género, porque desde la proyección individual y colectiva de la rumbera, en el acto performativo y en los cantos, estas mujeres están afianzando su posición jerárquica y de participación social, reconocen y revitalizan la significación de sus antecesoras, rompen con los patrones tradicionales y concepciones patriarcales que han caracterizado la práctica social, y dignifican a la mujer en su contribución a la rumba como uno de los más genuinos exponenentes de nuestra cubanidad.

Transcripción de los cantos

A continuación, presentamos la selección de cantos transcritos. Fueron estos los coros que convirtieron en arterias de vida las calles, los solares y entradas de las casas. Entre guajacos y sopones las mujeres se atrevieron a contar su existencia a ritmo de rumba, de celebraciones en esos barrios con olor a río y sabor a puerto. Ellas fueron verdaderas guerreras que rodeadas por sus descendientes inculcaron amor por la tradición. Con la fuerza de una sacudida de hombros evitando el *vacunao*, así hemos querido alejar el polvo y el olvido de autoras que hicieron, de la rumba matancera, una historia increíble.

Las rumberas defendieron y defienden a todo pulmón el mensaje de Tani, con sus muchos cantos reunidos en uno solo: *Que canten las mujeres… Que canten las rumberas matanceras…*

La fuente luminosa

La Lunita

Los Moros Azules

Sevillana

Quirino

Matanzas querida

Mina de Oro

Esta noche

Yo voy a pasar

Patrocinia

Obbinisa

Rumba de hombres

Mesura y cadencia

Lorenzo David

Pan pan pan

José

La maña

Que canten las mujeres

La finca

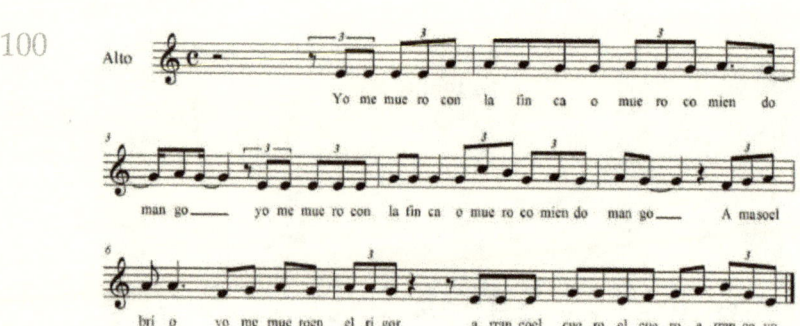

Hatuey

Maravillarte

Amigo

Julia la güinera

Batea

San Pedro

Anambele cumbele

Chino

Canto de puya

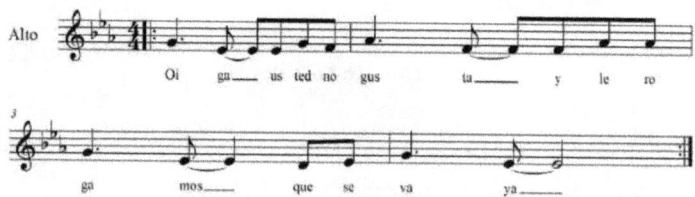

Leguleya

Manuela

ANEXOS

DOCUMENTARIO

Documento 1.1

[Transcripción del manuscrito:]

Sr. Eduardo Díaz y Martínez. Gobernador Civil de esta Provincia.—

Hago saber:

Que, á pesar de hallarme
altamente satisfecho de la sensatez y
cordura demostradas por todo el pueblo
al expresar su júbilo con motivo del
fausto suceso de la evacuación de
Matanzas por las tropas españolas, he observado con pena la circulación por las calles de ciertas comparsas
que nada dicen en favor de nuestra
proverbial cultura. Por tanto, á partir de la publicación de este bando,
queda prohibida la circulación por aque-

Archivo Histórico Provincial de Matanzas, 14 de enero de 1899. Comunicación relativa a bando dictado por el gobierno prohibiendo la circulación por las calles y plazas de grupos de ñáñigos o grupos africanos. Fondo Gobierno Provincial Neocolonia, Exp. 46 Leg. 1, Estructura: Negociado de Orden Público y Policía Título: Cabildos

Transcripción de Documento 1.1

Por Eduardo Roig y Martínez. Gobernador Civil de esta Provincia.

Hago saber:

Que, á [sic.] pesar de hallarme altamente satisfecho de la sensatez y cordura demostradas por todo el pueblo al expresar su júbilo con motivo del fausto suceso de la evacuación de Matanzas por las tropas españolas, he observado con pena la circulación por las calles de ciertas comparsas que nada dicen en favor de nuestra proverbial cultura. , á [sic.]partir de la publicación de este bando, queda prohibida la circulación por calles y plazas de todos aquellos grupos cuyos individuos observen movimientos desarticulados y marchen cantando y bailando al son de tambores, pitos y otros instrumentos que produzcan sones que puedan trascender á [sic.] música de ñáñigos ó [sic.] tango africano.

Los infractores del presente bando serán detenidos por la policía y quedarán incursos en las penas que marca la Ley.

Matanzas 14 de enero de 1899

Documento 1.2

Archivo Histórico Provincial de Matanzas, 21 de octubre de 1899, Comunicación relativa a licencia concedida a la morena Monserrate González para celebrar una reunión familiar. Fondo Gobierno Provincial Neocolonia, Exp. 684, Leg. 13, Estructura: Negociado de Orden Público y Policía, Título: Licencias

Transcripción de Documento 1.2

Sr Gobernador Civil de esta Provincia

El que suscribe vecino de la calle de Daoiz 184 á [sic.] V. con respeto dice: Que deseando ofrecer á [sic.]sus compatriotas Africanos una reunión familiar en el día de mañana y en la que no se hará uso de tambores ruego á [sic.]V. se sirva concederme el correspondiente permiso.

De V. respetuosamente

A ruego de la morena Monserrate González que dice no saber firmar lo hace

Andrés Hernandes

Documento 1.3

Certificación de defunción de Regla Calle, inscrita en el Registro Civil de Matanzas Este. Tomo 51, Folio 376

Documento 1.4

Certificación de nacimiento de Bárbara Jiménez Pardo (Barbarita Calle), inscrita en el Registro Civil de Matanzas Este. Tomo 4, Folio 317

Documento 1.5

Registro bautismal de Bárbara Jiménez y Pardo registrada en la Catedral de San Carlos de Matanzas, 27 de noviembre de 1928. Tomo 13, p. 291

Transcripción de Documento 1.5

No. 291

Bárbara Jiménez y Pardo L.

El día veintisiete de noviembre de mil novecientos veintiocho. Yo Pbro. Dr. D. Jenaro Suárez Muñiz Cura Rector de la Iglesia Parroquial de Sagrario de la Catedral de S. Carlos, ciudad Provincia y Diócesis de Matanzas bauticé solemnemente a una niña de la raza de color que dijeron haber nacido el día cuatro de diciembre de mil novecientos diez y ocho hija legítima de D. Hipólito Jiménez y de Da Maximina Pardo y Calles naturales y vecinos de ésta. Le puse por nombre Bárbara. Abuelos paternos Da Juana. Abuelos maternos D Jacinto y Da Regla. Padrinos: D. Ramón García y Da Manuela Calles a quienes advertí el parentesco espiritual y demás obligaciones que contrajeron y lo firmo fecha ut supra

Dr. Jenaro Suárez

Documento 1.6

> **REPÚBLICA DE CUBA**
> **REGISTRO DEL ESTADO CIVIL**
> **CERTIFICACIÓN DE DEFUNCIÓN**
>
> 9048
>
> Para ser utilizada en: ☐ Territorio Nacional   EXENTA ☐
> Para surtir efecto en: ☐ Otros países   GRAVADA ☒
> previa legalización   LEY No. 73 DE 1994
>
> Espacio para el sello
>
> **INSCRIPCIÓN**
> TOMO: 128   FOLIO: 141   Registro del Estado Civil de: Matanzas
> Municipio: Matanzas   Provincia: Matanzas
>
> **DATOS DE LA INSCRIPCIÓN**
> Nombre(s) y apellidos del fallecido: Bárbara Jiménez Pardo
> Lugar de nacimiento: Matanzas (Municipio)   Matanzas (Provincia)   femenino (Sexo)
> Estado Civil: viuda   Edad: 81 años   Profesión u Oficio: jubilada
> Nombre(s) y apellidos del padre: Hipólito
> Nombre(s) y apellidos de la madre: Maximina
>
> Domicilio: calle 288 número 73-11 entre 73 y 75 Matanzas
> Lugar del fallecimiento: su domicilio
> Cementerio en que se dispuso la sepultura: Matanzas
> Fecha del fallecimiento: 11:15 de la mañana (Hora)   23 (Día)   4 (Mes)   1999 (Año)
> OBSERVACIONES: Lo testado hoy 73 no vale. Ley 143 de 23-7-2012 vale Certifico.
>
> EL REGISTRADOR DEL ESTADO CIVIL DE: Matanzas (Municipio)   Matanzas (Provincia)
> CERTIFICA: Que los anteriores datos concuerdan fielmente con los que aparecen consignados en la inscripción a que hace referencia.
> Hecho por: [firma]   Fecha de expedición: 28 (Día)   3 (Mes)   2016 (Año)
> Confrontado por:
>
> Yanetsy Rodríguez Pérez
> REGISTRADOR DEL ESTADO CIVIL
> (Firma y cuño)

Certificación de defunción de Bárbara Jiménez Pardo, inscrita en el Registro Civil de Matanzas Este. Tomo 128, Folio 141

Documento 1.7

Núm.º 97.
Inés María
Mesa.

El día diez y nueve de Marzo de mil ochocientos ochenta y ocho, en la Iglesia parroquial de Término de San Carlos de la Ciudad de Matanzas, provincia del mismo nombre, Diócesis de la Habana, yo Ptro. Licdo. D. Juan E. Mignagaray, Teniente Cura interino de ella, con delegación del Pbro. Dr. D. Francisco de Paula Barnada, Cura Vicario, bauticé solemnemente á una párvula morena que dijeron haber nacido á las nueve de la mañana del día veinte y uno de Diciembre del año de mil ochocientos ochenta y tres, hija de la de igual clase Juana Mesa, de estado soltera, natural y vecina de esta feligresía. Le puse por nombre Inés María. Abuela materna Manuela Herrera, natural y vecina de esta Ciudad. Fueron sus padrinos Sebastián Aguabella, natural de esta Ciudad, provincia de la misma, profesión tonelero, estado soltero, y Ángela Oliva, vecina de esta Ciudad, á quienes advertí el parentesco espiritual y obligaciones que contrajeron. Y para constancia lo firmo con el Sor. Cura fecha ut supra =

Registro bautismal de Inés Mesa inscrita en la Catedral de San Carlos de Matanzas, 19 de marzo de 1888. Tomo 30, pp.43-44

Transcripción de Documento 1.7

Núm 97.

Ines Maria Mesa.

El dia dies y nueve de Marzo de mil ochocientos ochenta y ocho, en la Yglesia parroquial de Término de San Carlos de la Ciudad de Matanzas, provincia del mismo nombre Diócesis de la Habana. Yo Pbro. Licdo. D. Juan E. Mignagaray, Teniente Cura interino de ella, con delegacion de Pbro. Dor D. Francisco de Paula Barnada, Cura Vicario, bauticé solemnemente á una párvula morena que dijeron haber nacido a las nueve de la mañana del dia veinte y uno de Diciembre del año de mil ochocientos ochenta y tres, hija de la de igual clase Juana Mesa, de estado soltera, natural y vecina de esta feligresía. Le puse por nombre Inés María. Abuela materna Manuela Herrera, natural y vecina de esta ciudad. Fueron sus padrinos Sebastian Aguabella, natural de esta Ciudad provincia de la misma, profesión Tonelero, estado soltero, y Angela Oliva, vecinos de esta Ciudad a quienes advertí el parentesco espiritual y obligacional que contrajeron. Y para constancia lo firmo con el Sor. Cura, fecha ut supra

Ldo. Juan Mignaray

Dor. Franc. de P. Barnada

Documento 1.8

Registro bautismal de Julián Mesa, hijo de Inés Mesa, inscrito en la Catedral de San Carlos de Matanzas, 9 de abril de 1920. Tomo 10, p. 355

Transcripción de Documento 1.8

No. 355.

Epifanio Julián Mesa

El día nueve de Abril de mil novecientos veinte Yo, Presbítero Dr. D. Jenaro Suárez Muñiz, Cura Párroco Rector de la Iglesia Parroquial del Sagrario de la Catedral de San Carlos, ciudad provincia y Diócesis de Matanzas, bauticé solemnemente a un niño de la raza negra que dijeron haber nacido el día siete de abril de mil novecientos trece hijo – natural de – vecino de – y de Inés Mesa natural de Matanzas vecina de íd. Le puse por nombre Epifanio Julián. Abuelos paternos D. – natural de – vecino de – y Dña. – natural de – vecina de – Abuelos maternos D. – natural de – vecino de – y Dña. Juana natural de Matanzas vecina de íd. Padrinos D. Pablo Subera y Da. Celia Aguabella a quienes advertí lo necesario.

Y para que conste lo firmo, fecha ut supra, Jenaro Suárez Muñiz

Documento 1.9

Registro bautismal de Catalina Mesa, hija de Inés Mesa, inscrita en la Catedral de San Carlos de Matanzas, 2 de mayo de 1920. Tomo 10, p. 413

Documento 1.10

Registro bautismal de Juan Mesa, hijo de Inés Mesa, inscrito en la Catedral de San Carlos de Matanzas, 31 de mayo de 1925. Tomo 12, p. 358

Documento 1.11

Certificación de defunción de Liduvina Miró, inscrita en el Registro Civil de Matanzas Este. Tomo 160, Folio 90

ICONOGRAFÍA

Estanislá Luna bailando con Esteban Vega Chachá. Debido a su alto grado de deterioro la foto no se pudo restaurar, la incluimos por su valor histórico y testimonial, al ser la única en la que aparece Estanislá Luna bailando

Miembros de la Asociación a la mesa en la cena de inicio de año. En la cabecera María Dolores Pérez Herrera, Presidenta de Honor

De izquierda a derecha: Sara Gobel, Miriam y Álida Leicea, cantando en la celebración con motivo del segundo aniversario de creada la asociación

Martha Mesa saca el canto en la celebración

Sonia Landa sale al centro a bailar yambú y obsérvese los movimientos de las manos con el blusón

Posteriormente saca a bailar a un rumbero

El final del baile está constituido por el vacunao

Formato instrumental de la rumba, tumbadora, cajón y al fondo las claves

Las rumberas esperan el inicio de la rumba en el solar El Diecisiete

BIBLIOGRAFÍA

Acosta, Leonardo: *Del tambor al sintetizador*. Editorial Letras Cubanas, La Habana, 1989.

Alén Rodríguez, Olavo: *Géneros de la música cubana*. Editorial Adagio, La Habana, 2007. Primera parte. pp 27-37.

Álvarez Vergara, Rosa Esther: «Las agrupaciones de rumba de Ciudad de La Habana». Trabajo de Diploma, ISA, 1989.

Anastasio, Pepa: «Pisa con Garbo: el cuplé como performance». Revista *Transcultural de Música*. España, 2009. No. 13 http://www.sibetrans.com/trans

Barcia Zequeira, María del Carmen: *La otra familia. Parientes, redes y descendencia de los esclavos en Cuba*. Editorial Oriente, Santiago de Cuba, 2009.

Carlson, Marvin: Performance: A Critical Introduction. Routledge, London and New York, 1996.

Colombres, Adolfo: *Teoría de la cultura y el arte popular. Una visión crítica*. Ediciones ICAIC, La Habana, 2014.

Cortina Bello, Camila: «Rumba pa'l Callejón de Hamel». *Clave*. La Habana, 2008. Año 10, No. 1-2.

Cox, Barry: «El cancionero rumbero». http://cancionerorumbero.blogspot.com

De Zárate, Dora P.: «Nuestra posición frente a las teorías folklóricas». Teorías del Folklor en América Latina. Instituto Interamericano de Etnomusicología y Folklor del CONAC, Caracas, 1975.

Diez, Cary: «El cine de rumberas de los años 50». Timbalaye.Ediciones Unión, La Habana, 2012. No. 2.

Escalona, Martha Silvia y Silvia Hernández: *El urbanismo temprano en la Matanzas intrarríos (1693-1840)*. Ediciones Matanzas, Matanzas, 2008.

Escalona, Martha Silvia: *Los cabildos de africanos y sus descendientes en Matanzas. Siglo xix y primera década del xx*. Ediciones Matanzas, Matanzas, 2008.

Esquenazi Pérez, Martha: *Del areito y otros sones*. Editorial Adagio, La Habana, 2007.

García Alonso, Maritza: Identidad Cultural e Investigación. Centro de Investigación y Desarrollo de la Cultura Cubana Juan Marinello, La Habana, 2002.

Gómez, Zoila y Victoria Eli:*...haciendo música cubana*. Editorial Pueblo y Educación, La Habana, 1989.

Grasso González, Nancy: Folklore y profesionalismo en la rumba matancera. Trabajo de Diploma Isa, 1989.

León, Argeliers: *Del canto y el tiempo*. Editorial Letras Cubanas, La Habana, 1974. pp. 137-148.

_____: «Continuidad cultural africana en América». *Anales del Caribe*. La Habana, 1986. No. 6.

_____: «Influencia africana en la música de Cuba». Clave. La Habana, 2008. Año 10, No. 1-2.

LLANES Agete, Yudeskia: Influencia de elementos de la santería y la rumba en el Rap cubano y Break Dance que se practica en Cuba. Trabajo de Diploma, ISA, La Habana.

MADRID, Alejandro L.: «¿Por qué música y estudios de performance? ¿Por qué ahora?: una introducción al dossier», en Trans. *Revista Transcultural de Música*. España, 2009. No. 13 http://www.sibetrans.com/trans

MARTIATU, Inés María y Daisy Rubiera: *Afrocubanas. Historia, pensamiento y prácticas culturales*. Editorial de Ciencias Sociales, La Habana, 2011.

MARTÍNEZ Carmenate, Urbano: Atenas de Cuba: del mito a la verdad. Dirección Provincial de Cultura, Matanzas, 1987.

MARTÍNEZ Furé, Rogelio: «El Bando Azul» en Actas del Folklore. Centro de Estudios del Folklor del TNC, La Habana, 1961. Año 1, No. 7.

MARTÍNEZ Rodríguez, Raúl: «La rumba en la provincia de Matanzas». *Panorama de la música popular cubana*. Editorial Letras Cubanas, La Habana, 1998. pp. 125-136.

MESTAS, María del Carmen: *Pasión de rumbero*. Pablo de la Torriente Editorial, La Habana, 2014.

MILIANO, Alessandro: Influencia de la Rumba, y particularmente de la Columbia, en el baile del casino. Trabajo de Diploma, ISA, 2008.

MILIÁN Bruzón, Mayda Rosa: La pantomima en la rumba. Trabajo de Diploma, ISA, La Habana, 1992.

MOLINER Castañeda, Israel: *El sentido social de la Rumba*. Ediciones Olokum, Matanzas, S/A.

_____: Los cabildos afrocubanos en Matanzas. Ediciones Matanzas, Matanzas, 2002.

Olivares Mozo, Iliana: Los Muñequitos de Matanzas. Trabajo de Diploma, ISA, La Habana, 1996.

Orovio, Helio: «La rumba». *Música por el Caribe.* Editorial Oriente, Santiago de Cuba, 2007. pp. 122-139.

_____: *Diccionario de la música cubana.* Biográfico y técnico. Editorial Letras Cubanas, La Habana, 1981.

Peñalver Moral, Reinaldo: «Rumbera mayor». *Bohemia.* Año 74, no.45, 1982.

Reyes Fortún, José: «50 años de rumba en la discografía cubana» en Salsa Cubana, 2000, Año 4, No. 11.

Silva V., Omer: «Análisis de discurso según Van Dijk», en Primera Revista *Electrónica de América Latina* Especializada en comunicación. México, 2002. No. 26. http://www.razonypalabra.org.mx/anteriores/n26/osilva.html

Taylor, Diana: The Archive and the Repertoire. Durham, Duke University Press, 2003.

Torres Morejón, Francisco: Antecedentes y florecimiento de la rumba en Unión de Reyes. Trabajo investigativo inédito. 2010.

Urfé, Odilio: *La rumba.* Ediciones del CNC, S/A.

Valdés Cantero, Alicia: *Diccionario de mujeres notables en la música cubana.* Editorial Oriente, Santiago de Cuba, 2011.

Vázquez, Omar: «Adiós a la Reina Celeste». *Granma,* 24 de noviembre de 1998.

Vázquez, Omar: «Malanga» en Granma, 9 de agosto de 1986.

Colectivo de autores: Instrumentos de la música folclórico-popular de Cuba. Editorial de Ciencias Sociales, La Habana, 1997.

Las rebeldías de esclavos en Matanzas. Filial del Instituto de Historia del Partido Comunista de Cuba, La Habana, 1976.

«Contra el tambor africano». Publicado en periódico *Aurora del Yumurí*, 13 de enero de 1899.

ACERCA DE LA AUTORA

Roxana M. Coz Téstar

29 de marzo de 1993, Matanzas. Pianista y musicóloga. Comenzó sus estudios de piano en la Escuela Vocacional de Arte Alfonso Pérez Isaac, Matanzas. En 2008 ingresó en la Escuela Nacional de Música donde se especializa como Pianista Acompañante —Repertorista. Completó estudios superiores en la Universidad de las Artes (ISA) en el perfil de Musicología, siendo Título de Oro y «Alumna más Integral en Investigaciones».

Como pianista acompañante ha trabajado durante ocho años en la Escuela Nacional de Música en la cátedra de Oboe, junto a los profesores Jesús Avilés y Lauren Ríos. Actualmente realiza una labor de promoción del repertorio de música del barroco, a dúo con el trompetista Yasek Manzano.

Desde 2016 forma parte de la sección de Crítica e Investigación de la Asociación Hermanos Saiz. Sus estudios sobre la rumba en Matanzas, reflejados en el trabajo «Que canten las mujeres. Memoria e identidad en la rumba matancera» le hicieron merecedora en 2016 de la beca de investigación María Teresa Linares otorgada por el Proyecto Timbalaye y la AHS.

Otros títulos

Faustino Oramas · El Guayabero

El autor nos entrega una semblanza biográfica de este singular hombre en un libro donde podremos hallar esencialmente, en cuerpo y espíritu, los derroteros de un músico popular excepcional.
Faustino Oramas, El Guayabero, suma la picardía al decir de la trova. Picardía que no es sinónimo de bajeza o fraudulencia sino audacia e inteligencia para sacar el mejor provecho de situaciones adversas. Hay que decir que pocos autores de la música popular han tenido, como Faustino Oramas, la facilidad de recursos, la gracia y la imaginación para el manejo de situaciones peliagudas con lenguaje simple pero debidamente escogido de modo que provoque la chispa de humor sin grosería.

«Casi nadie lo conoce por su verdadero nombre. Sin embargo, cuando se habla de El Guayabero viene a la mente de todos los cubanos su peculiar estampa y el criollísimo humor de sus canciones.
Faustino Oramas es por ello, tal vez, el último representante de aquella generación de soneros que vivieron de la música y para la música, y supieron transmitir a su obra la idiosincrasia del cubano, que siempre se reconoce en las canciones de este juglar oriental».

Leonardo Padura

«El Guayabero es un genio popular cuyas características, muy especiales dentro de la música popular cubana, no pueden clasificarse en una tendencia determinada. Creo que, desgraciadamente, no habrá otro como él».

Pablo Milanés

«Él es un tresero popular de tumbaos, que utiliza un diseño melódico rítmico muy reiterado, en cuya célula más elemental radica el sabor cubano».

Pancho Amat

Zenovio Hernández Pavón

FAUSTINO ORAMAS
EL GUAYABERO
REY DEL DOBLE SENTIDO

Ñico Saquito · El guarachero de Cuba

Los más importantes estudiosos de la música cubana incluyen la guaracha dentro del complejo del son, pero no se debe perder de vista que la guaracha brinda una importante contribución a la gestación del son como género en sí, como también a otras expresiones de la cultura en nuestro continente, por eso en otras naciones es tan apreciado el legado del rey de la guaracha o el guarachero de Cuba, como muchos denominan a ese santiaguero reyoyo que fue Ñico Saquito.
Benito Antonio Fernández Ortiz, Ñico Saquito, fue uno de los más notables artífices de la trova del son o trova intermedia, que para suerte de quienes gustan de la música con humor, se transformaría en un estilo o tendencia aún vigente y con magníficos cultores, aunque no tanto como en aquel período esplendoroso que a partir de la década de 1920 iniciaran Miguel Matamoros.
Tenemos la satisfacción de que este libro llegue a los lectores interesados en conocer un poco más de las peripecias y satisfacciones de la vida de ese trovador singular, así como de su obra profusa y trascendente que no se limita a la guaracha, pues dejó un rico catálogo que esperamos en el futuro sea objeto de estudio de musicólogos y otros especialistas como amerita su valía y el lugar privilegiado que en la historia musical cubana ganara su creador.
Poco a poco se fue gestando este libro en binomio, por el escritor e investigador Zenovio Hernández Pavón y Alejandro Fernández Ávila, nieto del compositor. Reseña biográfica, selección de textos de canciones, testimonios gráficos, publicaciones periódicas, entrevistas y otros materiales anexos, es lo que el lector encontrará del autor de «María Cristina», «Cuidadito, compay gallo», «Al vaivén de mi carreta» entre las cerca de seiscientas composiciones del guarachero.

ÑICO SAQUITO
EL GUARACHERO DE CUBA

Zenovio Hernández Pavón / Alejandro Fernández Ávila

Kabiosiles
Los músicos de Cuba

Aquí están reunidos sesenta y seis retratos de nuestros dioses terrenales: los músicos de Cuba. Esos que andan en nuestra memoria, en nuestra piel y en la niebla de nuestra identidad. Son los rostros que conforman nuestro ADN sonoro. Estos «Kabiosiles», son saludos desde lo más profundo del corazón.

Vicentico, Benny Moré, Rita, La Lupe, Bola de Nieve, Celia Cruz, Machín, Arsenio Rodríguez, son algunos nombres en ese mapa de lo que somos. Porque, como escribió el poeta Ramón Fernández-Larrea, el autor de este libro: «Bajo la noche catalana, en las calles de melancolía de París, en viejos pueblos volcánicos de Canarias tengo una luz. De esa luz baja una lluvia como un son espléndido como la vida, con güiros de mujer y olores que me mecen, y el alma se divierte y se expande, y es la única razón que nos une y nos abraza a todos por igual. A tristes y serenos, a poetas y amargados, a viudos y cumbancheros, a cercanos y lejanos. Los que siempre nos encontraremos en el único mar de nuestros sueños reales».

KABIOSILES
LOS MÚSICOS DE CUBA

Ramón Fernández-Larrea

El autor atraviesa la Bahía de La Habana para llegar a Regla, la tierra de Roberto Faz, músico cubano que tuvo una gran popularidad en los años cincuenta y sesenta como cantante y director de su Conjunto. Allí entrevista a familiares, músicos y amigos del sonero para lograr plasmar la trayectoria artística y de vida de uno de los nombres indispensables en la historia de la música popular cubana.

Faz en sus inicios, participó de varias orquestas y conjuntos destacando sobre todo como cantante del Conjunto Casino. Es considerado uno de los vocalistas más versátiles y mejor afinados de la Isla como sus contemporáneos: Benny Moré. Entre sus éxitos están: *Compermiso; Deuda; Quiéreme y verás; Realidad y fantasía; A romper el coco; Que se seca la bola; Como vivo en Luyanó; Cositas que tiene mi Cuba; Píntate los labios María; Dengue de la caña; Dengue del pollo; Dengue es Fa.* Sus famosos «pegaditos» o aquellos memorables «momentos», viven en el recuerdo de los amantes del bolero que tienen en Roberto Faz a una de sus más auténticas voces.

«...como sonero extraordinario, fue el primer blanco en cantar sones».

MIGUELITO CUNÍ

«el mejor sonero blanco que dio Cuba».

TITO GÓMEZ

«Uno de los grandes valores, su nombre está al lado de Benny Moré y otras grandes figuras».

ROBERTO ESPÍ

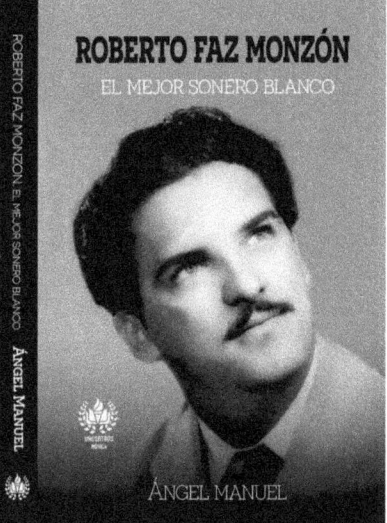

ROBERTO FAZ MONZÓN
EL MEJOR SONERO BLANCO

ÁNGEL MANUEL

RITA MONTANER
TESTIMONIO DE UNA ÉPOCA

RAMÓN FAJARDO ESTRADA

Rita Montaner: testimonio de una época, lo considero un libro «hechicero», porque al empezarlo a leer no nos podemos detener; tenemos que seguir y seguir, debido a cuatro valores que, en mi opinión posee esta obra.

El primero es la fidelidad histórica (...). En segundo lugar, la acertada captación del entorno que rodea a la Montaner (...) la justa apreciación de la personalidad de la Montaner, a quien muchos del pueblo nada más conocían como la bella mulata que marcó pautas en la interpretación de melodías afrocubanas, y llevaba a los máximos planos de popularidad sus personajes de la radio, el teatro y la televisión (...). Y. la valiosa información que aporte de testimonios se plasman en el libro a través de programas, fotografías y otros materiales investigativos para lograr una imagen cabal de la inolvidable artista.

CARILDA OLIVER LABRA

Rita la única, Rita de Cuba, Rita del Mundo.// Para mí, sencillamente, Rita Montaner. Un nombre que abarcó todo el arte.// Porque eso fue ella: ¡el arte en forma de mujer!»

ERNESTO LECUONA

Rita de Cuba, Rita la Única... No hay tan adecuado modo de llamarla, si ello se quiere hacer con justicia. «De Cuba», porque su arte expresa hasta lo hondo humano lo verdaderamente nuestro; «la Única», pues solo ella, y nadie más, ha hecho del «solar» habanero, de la calle cubana, una categoría universal.

NICOLÁS GUILLÉN

«Ella debe haber vivido muy feliz de ser Rita Montaner, La Única, la artista que representaba el sentimiento del pueblo cubano con una gracia y donaire irrepetibles»

EUSEBIO LEAL

ÑICO SAQUITO
EL REY DE LA GUARACHA

Oscar Montoto Mayor

A mucho más de medio siglo de ser compuestas, aún se escuchan en bares, cantinas y la radio de toda Cuba y fuera del país, muchas de sus creaciones como «Cuidadito Compay Gallo» y «María Cristina»; sin embargo, poco se sabe de la vida de este hombre cuyo verdadero nombre es revelado por el autor de esta obra, Oscar Montoto Mayor, apasionado huracauense, quien a partir de los testimonios de Antonio Fernández Arbelo, hijo de Ñico Saquito y auxiliado por el extenso archivo sobre su notable padre, junto a la pasión de sus nietos Alejandro y Tosi, y las confesiones del propio compositor realizadas en entrevistas que están diseminadas por la radio y periódicos de la época, reconstruye en esta monografía paso a paso la vida y obra de este rey de la guaracha cubana. Con un lenguaje muy acorde a su estilo como escritor e investigador, el autor nos ofrece una crónica rica en anécdotas y valoraciones de este notable músico y compositor, en una etapa siempre valiosa y fundamental para la difusión de la música cubana. Ñico Saquito, una de las figuras celebres del pentagrama cubano tristemente olvidado, que ahora intentamos revivir al cumplir de un simpático doble sentido con centenares de guarachas y otros géneros musicales en los que fue pionero. El doble sentido y su criollo sabor que lamentablemente ha caído en la chabacanería y el mal gusto a pesar de la herencia que nos legaron otras figuras como Faustino Oramas, el Guayabero, y nuestro biografiado, el mago que sacaba de un sombrero-saco, guarachas y pregones sin las cuales hoy no se podría escribir sobre estas creaciones originales y ricas en temas y melodías. Así fue y es Ñico Saquito.

Andrés Echevarría Callava, Niño Rivera

El Niño Rivera, uno de los treseros más importantes de la historia de la música cubana, fue un innovador, vanguardista, uno de los compositores y arreglista más importante de su tiempo. Su obra «El Jamaiquino» se convirtió en un *standart* de la música cubana.

CHUCHO VALDÉS

Esta es la historia de uno de esos pioneros que hoy se describen como progenitores de la música cubana, y de su extraordinaria y productiva vida. El libro recoge momentos importantes de la vida del Niño, en su trabajo y su colaboración con numerosos conjuntos y solistas como tresero, arreglista, transcriptor y director. La autora presenta con sustentados detalles la contribución del músico al género mundial más conocido de la música cubana —el son—, con un análisis enfático de otro género surgido en Cuba: el *feeling*.

NELSON GONZÁLEZ

La creación de este documento histórico, que contribuirá a poner el nombre de Andrés Echevarría Callava, el Niño Rivera, en el lugar que merece dentro de la lista de los imprescindibles de nuestro mundo musical.

PANCHO AMAT

UNOSOTROS

Andrés Echevarría Callava, Niño Rivera
El Niño con su tres
Rosa Marquetti Torres

Dulce Sotolongo conoció de forma casual a Leopoldo Ulloa, le propuso entrevistarlo para hacer un libro y surgió una inquebrantable amistad. La autora hace un recorrido por la vida del compositor a través de sus canciones e intérpretes logrando un rico testimonio de la música cubana, entre los artistas que cantaron sus composiciones están: Celia Cruz, José Tejedor, Tirso Guerrero, Celio González, Caíto, Lino Borges, Wilfredo Mendi, Moraima Secada, Roberto Sánchez, Clara y Mario, Los Papines, Pío Leyva. *En el balcón aquel* es un libro que te atrapa desde la primera línea, no permitirá que dejes de leer hasta su final.

Para los amantes de la música cubana de todos los tiempos, esta será una edición muy especial porque rinde honor a quien honor merece, a un grande del bolero: Leopoldo Ulloa.

Eduardo Rosillo Heredia

Autodidacta, creador absolutamente intuitivo, un día compuso «Como nave sin rumbo». Luego surgió una larga fila moruna: «Destino marcado», «Me equivoqué», «Perdido en la multitud», grabados por Frank Fernández; «Te me alejas», «Es triste decir adiós», «No extraño tu amor», «Adiós me dices ya»; y el representativo «Por unos ojos morunos». Esta producción sitúa a Leopoldo Ulloa, como el más sostenido y consecuente creador de la línea del bolero moruno.

Helio Orovio

UNOS & OTROS
EDICIONES

EN EL BALCÓN AQUEL
LEOPOLDO ULLOA, EL BOLERO MÁS LARGO: SU VIDA

UNOS & OTROS
MÚSICA

DULCE SOTOLONGO

Si en un final
CLARA Y MARIO

Si en un final, el libro que encontrarán a partir de ahora los gentiles lectores, es una apasionante historia, cálida y al mismo tiempo intensamente conmovedora, que nos revela página tras página el destino inesperado de dos de los más aplaudidos artistas de Cuba. Historia breve e interesante, que no decae de principio a fin, donde hay originalidad, donde hay calidad; una poderosa bocanada de aire fresco en el panorama creciente de la literatura sobre música y músicos, en boga por estos tiempos.

Valiéndose de un arsenal de documentos, cartas, fotografías prácticamente desconocidas, videos, grabaciones discográficas y en general del archivo personal de Mario Rodríguez, quien se lo encomendó antes de fallecer, el autor de esta biografía Ángel Manuel Pérez Álvarez, presenta por primera vez a los lectores del mundo un panorama completo, profundo, detallado y humano de Clara y Mario, sin que se haya quedado ningún aspecto de la cotidianidad y de la vida familiar, profesional y laboral de la pareja artística que no fuera cuidadosamente tratado por el autor.

Ángel Manuel Pérez Álvarez ha hecho un escrutinio preciso y riguroso de las obras que conformaron el extenso repertorio de Clara y Mario, examinando el contexto en el que fueron creadas, con el telón de fondo de la noche habanera y con la perspectiva de una época (la época dorada de la música popular cubana), cuyo resultado plasmado en las páginas del libro nos deslumbra con el sapiente enfoque diacrónico sobre el quehacer musical, pensamiento y creatividad ilimitada de los dos reconocidos vocalistas, quienes marcaron a fuego el imaginario de los cubanos y latinoamericanos de su tiempo.

Ángel Manuel Pérez Álvarez

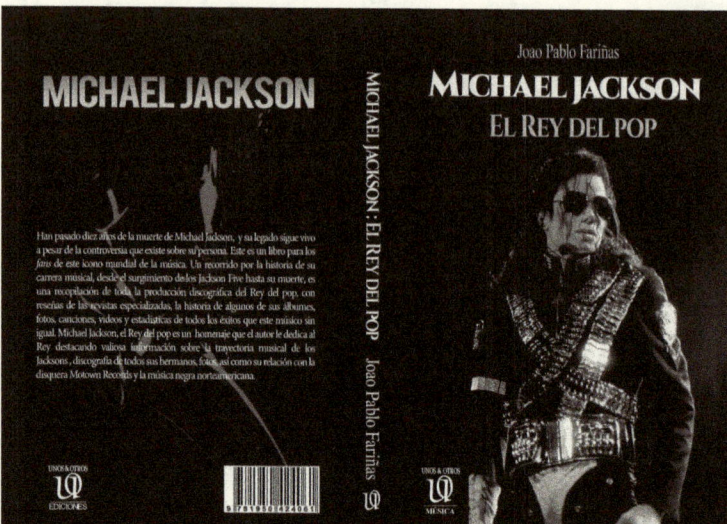

www.unosotrosediciones.com
infoeditorialunosotros@gmail.com

UnosOtrosEdiciones

Siguenos en Facebook, Twitter e Instagram:

www.unosotrosediciones.com

www.ingramcontent.com/pod-product-compliance
Lightning Source LLC
Chambersburg PA
CBHW051804040426
42446CB00007B/508